Edition KWV

Die „Edition KWV" beinhaltet hochwertige Werke aus dem Bereich der Wirtschaftswissenschaften. Alle Werke in der Reihe erschienen ursprünglich im Kölner Wissenschaftsverlag, dessen Programm Springer Gabler 2018 übernommen hat.

Weitere Bände in der Reihe http://www.springer.com/series/16033

Eva M. Brüning · Türkan Ayan

Beratung von Migrantinnen und Migranten: Herausforderungen, Unterstützungsbedarfe, kulturelle Begegnungen

Eine explorative Analyse der Sichtweisen von Beratern und Ratsuchenden

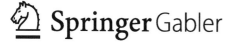

Springer Gabler

Eva M. Brüning
Nußloch, Deutschland

Türkan Ayan
Hochschule der Bundesagentur für Arbeit
Mannheim, Deutschland

Bis 2018 erschien der Titel im Kölner Wissenschaftsverlag, Köln
Hochschule der Bundesagentur für Arbeit, 2014

Edition KWV
ISBN 978-3-658-24673-0   ISBN 978-3-658-24674-7   (eBook)
https://doi.org/10.1007/978-3-658-24674-7

Die Deutsche Nationalbibliothek verzeichnet diese Publikation in der Deutschen Nationalbibliografie; detaillierte bibliografische Daten sind im Internet über http://dnb.d-nb.de abrufbar.

Springer Gabler
© Springer Fachmedien Wiesbaden GmbH, ein Teil von Springer Nature 2014, Nachdruck 2019
Ursprünglich erschienen bei Kölner Wissenschaftsverlag, Köln, 2014

Springer Gabler ist ein Imprint der eingetragenen Gesellschaft Springer Fachmedien Wiesbaden GmbH und ist ein Teil von Springer Nature
Die Anschrift der Gesellschaft ist: Abraham-Lincoln-Str. 46, 65189 Wiesbaden, Germany

Vorwort

Wettbewerb "Aufstieg durch Bildung – offene Hochschulen"

"Aufstieg durch Bildung – offene Hochschulen" lautet der Titel eines durch das Bundesministerium für Bildung und Forschung im Jahr 2011 ausgeschriebenen Wettbewerbs, der Teil einer Qualifizierungsinitiative ist. Bund und Länder wollen mit dieser Initiative die Bildungschancen aller Bürgerinnen und Bürger steigern. Die Qualifizierungsinitiative umfasst sämtliche Lern- und Lebensphasen. Neben dem Abbau bestehender Hürden innerhalb des deutschen Bildungssystems – insbesondere für nicht-traditionelle Studierende (etwa beruflich Qualifizierte ohne schulische Hochschulzugangsberechtigung) und weitere besondere Zielgruppen (u.a. Personen mit Familienpflichten, Migranten) – ist auch die nachhaltige Konzeption berufsbegleitender Studiengänge bzw. Studienmodule Schwerpunkt der ersten Förderphase bis März 2015.

Seit Oktober 2011 gehört auch das Verbundvorhaben "Berufsintegrierte Studiengänge zur Weiterqualifizierung im Sozial- und Gesundheitswesen" – "BEST WSG" zu den 26 Förderprojekten bundesweit. BEST WSG setzt sich aus den Verbundpartnern Fachhochschule der Diakonie (FHdD) mit Sitz in Bielefeld und der Hochschule der Bundesagentur für Arbeit (HdBA) mit Sitz in Mannheim zusammen. Die Fachhochschule der Diakonie erarbeitet in der Trias Hochschule, Sozialunternehmen und Weiterbildungsträger innovative Konzepte für berufsbegleitende Studiengänge für Arbeitnehmer im Sozial- und Gesundheitswesen. Die Hochschule der Bundesagentur für Arbeit leistet in der Erforschung personen- und strukturbezogener Rahmenbedingungen die entsprechende Begleitforschung.

Forschungsarbeiten aus dem BEST WSG Projekt Mannheim

In einem ersten Herausgeberband „Einsteigen, Umsteigen, Aufsteigen – Personenbezogene und strukturelle Rahmenbedingungen für Berufe und Bildungschancen im Sozial- und Gesundheitssektor" aus dem Jahr 2013, wurden fünf Forschungsarbeiten des Verbundvorhabens vorgestellt. Eva Müller und Türkan Ayan (HdBA) stellen in ihrem dortigen Artikel "Die Anerkennung im Ausland erworbener Qualifikationen im Sozial- und Gesundheitswesen" die Ergebnisse einer qualitativen Befragung von Migrantinnen und Migranten vor, die ihren Berufs- oder Bildungsabschluss im Ausland erworben haben und diesen in Deutschland anerkennen lassen möchten.

Daran knüpft auch die vorliegende Arbeit an. Aufgrund vorhandener Wissensdefizite der Zielgruppe, scheint eine umfassende und migrationsspezifische Beratung ein wichtiges Instrument, die arbeitsmarktrelevanten Gegebenheiten des Aufnahmelandes kennenzulernen und sich in diesem zurechtzufinden. Um einen Einblick in die Praxis der Migrationsberatung zu erhalten, wurden insgesamt 97 qualitative Interviews sowohl mit Beratungsfachkräften als auch mit Ratsuchenden geführt. Schwerpunkte der Befragung bildeten die Herausforderungen einer Beratung von Migranten, die Informationsweitergabe sowie die Netzwerkarbeit der Berater.

Die so gewonnenen Ergebnisse dienen im weiteren Projektverlauf der Entwicklung, Implementierung und Erprobung von interkulturellen Schulungs- und migrationsspezifischen Beratungskonzepten. Denkbar ist ein Einsatz der entwickelten Instrumente in beratenden Einrichtungen, öffentlich-rechtlichen Institutionen aber auch an Hochschulen.

Unser Dank

Die vorliegende Arbeit basiert auf 97 Interviews, die von Studierenden der HdBA Mannheim im Rahmen ihrer Bachelorarbeiten im Jahr 2013 geführt wurden. Frau Amina Hafez, Frau Ida Kettlitz, Frau Julia Telegin, Frau Natalie Ungurjan sowie Herr Bastian Schmitz stellten uns dankenswerterweise ihre Rohdaten für die Auswertungen zur Verfügung. Darüber hinaus sind die Kapitel 1.2, 2.2.1 und 2.2.2 der Bachelorarbeit von Frau Kathrin Renners mit dem Titel „Migrationsspezifische Beratung in der Bundesagentur für Arbeit – theoretische Grundlagen und praktische Umsetzung" (2013) in abgewandelter Form entnommen. Unser Dank gilt allen beteiligten Bachelor-Absolventen sowie unseren wissenschaftlichen Hilfskräften, Frau Yulia Elsner und Herr Christopher Hahn, für ihre tatkräftige Unterstützung. Darüber hinaus ist es Forschungsprojekten wie unserem ohne einen Feldzugang nicht möglich, Daten zu erheben. Unser ganz besonderer Dank gilt daher allen Einrichtungen und Interviewpartnerinnen und Interviewpartnern, die uns unterstützt haben.

Türkan Ayan, Projektleiterin an der HdBA
Eva Müller, Stellvertretende Projektleiterin an der HdBA

Mannheim im April 2014

Autoreninformationen

 **Eva Müller** ist promovierte Volkswirtin und arbeitet seit August 2012 als wissenschaftliche Mitarbeiterin im BEST WSG-Projekt an der Hochschule der Bundesagentur für Arbeit in Mannheim. Ihre Forschungsschwerpunkte liegen in der Analyse von strukturellen und personellen Hürden, die eine Integration in den Arbeitsmarkt für Migrantinnen und Migranten erschweren oder erleichtern können. Hierzu hat sie Erwerbsverläufe von Migrantinnen analysiert, eine quantitative Datenerhebung unter Migrantinnen und Migranten durchgeführt, um Erfahrungen der Personengruppe hinsichtlich der Beratung und des Verfahrens zur Anerkennung ihrer ausländischen Bildungsabschlüsse zu eruieren, Anerkennungsbescheide ausgewertet, um mögliche Verfahrensänderungen seit Einführung des BQFG zu analysieren sowie Anerkennungsberater zu ihren Erfahrungen mit dem neuen Gesetz befragt. Seit Februar 2014 ist sie stellvertretende Projektleiterin in Mannheim.

 **Türkan Ayan** ist seit September 2007 Professorin für Psychologie an der Hochschule der Bundesagentur für Arbeit (HdBA) in Mannheim. Im Frühjahr 2011 hat Türkan Ayan für das Verbundvorhaben BEST WSG die inhaltliche Antragstellung an der HdBA übernommen. Seit Oktober 2011 zählt die HdBA im Verbund mit der Fachhochschule der Diakonie (FHdD) zu den 15% geförderten Projektnehmern. Frau Ayan leitet das Teilvorhaben an der HdBA, welches schwerpunktmäßig die drei Themenfelder Qualifikationsanerkennung, berufliche Weiterbildung und Potenzialentfaltung im Sozial- und Gesundheitssektor abdeckt.

Inhaltsverzeichnis

Tabellenverzeichnis

Abbildungsverzeichnis

1 Beratung als wichtige Voraussetzung einer gelingenden Integration in den Arbeitsmarkt

1.1 Migration nach Deutschland und Integration in den Arbeitsmarkt

Auch wenn Vorausberechnungen darauf hindeuten, dass die absolute Bevölkerungsanzahl nur geringfügig sinken wird (vgl. Statistisches Bundesamt, 2009), muss mit einem starken Rückgang der Personen im erwerbsfähigen Alter gerechnet werden (vgl. Börsch-Supan & Wilke, 2009, S. 36 ff.; Fuchs, Söhnlein & Weber, 2011). Bedingt durch den voranschreitenden Strukturwandel wird dieser Mangel zusätzlich durch die steigende Nachfrage nach höher qualifizierten Arbeitskräften verschärft (vgl. Meißner & Becker, 2007, S. 394; Borrmann, Jungnickel & Keller, 2007, S. 127; Kolodziej, 2012, S. 17), sodass vor allem in Mangelberufen, zu denen auch Berufe des Sozial- und Gesundheitswesens zählen, wichtige Fachkräfte fehlen werden (vgl. bspw. Bundesagentur für Arbeit, 2011; Afentakis & Maier, 2010; Kolodziej, 2012).

Um diesem Fachkräftebedarf auch in Zukunft gerecht werden zu können, ist neben der Förderung des inländischen Potenzials eine Zuwanderung/Anwerbung qualifizierter Fachkräfte aus dem Ausland notwendig (vgl. Bundesregierung, 2011, S. 115 f.; Brücker, 2010, S. 4; Kolodziej, 2012, S. 17). Obgleich sich die Integration ausländischen Potenzials positiv auf den deutschen Arbeitsmarkt auswirken kann, da die Migranten[1] neben guten Qualifikationen u. a. auch wertvolle interkulturelle Kompetenzen mitbringen (vgl. Jurczek & Vollmer, 2008, S. 28; Brücker, 2009, S. 12), kann in Deutschland eine „politische Zurückhaltung bei der Flexibilisierung des […] Arbeitsmarktes" beobachtet werden (Englmann & Müller, 2007, S. 20). Erschwerend kommt hinzu, dass in der politischen Diskussion der Begriff „Integration", also das „Zusammenführen des Verschiedenen", „oftmals als Assimilation verstanden [wird], das heißt die Aufgabe der eigenen kulturellen und sprachlichen Herkunft und […] einer vollständigen Anpassung an die deutsche Gesellschaft" (Meier-Braun 2013, S. 16). Die Integration unterliegt hierbei einer starken staatlichen Lenkung. Von den Migranten selbst wird ein Integrationswille erwartet, der sich dadurch zeigt, „dass sie öffentlich unauffällig bleiben und die deutsche Sprache exzellent beherrschen […], die deutsche Kultur verinnerlichen und deutsche Normen und Werte respektieren lernen" (do Mar Castro Varela 2009, S. 160 ff.). Meier-Braun (2013, S. 16) gibt zu bedenken, dass eine solche Anpassung Zeit benötigt und weder politisch noch gesellschaftlich erzwungen werden kann. Zudem sollten wir uns darüber bewusst sein, dass „gerade auch die Deutschen im Ausland ihre kulturellen Wurzeln lange bei[behalten] und pflegen." Problematisch an der Integrationsdebatte ist die Betonung der (kulturellen) Differenzen, die im Endeffekt auch zu einer Kulturbefangenheit führen kann. Auch Ängste und Unsicherheiten vor „dem Fremden" können „den Anderen" zur Bedrohung für einen selbst werden lassen (Kunze 2009a, S. 16) und im

---

[1] Für eine bessere Lesbarkeit wird nachfolgend die männliche Form genannt. Soweit nicht anders genannt, beziehen sich alle Aussagen sowohl auf weibliche als auch auf männliche Migranten und Beratungsfachkräfte.

© Springer Fachmedien Wiesbaden GmbH, ein Teil von Springer Nature 2014
E. M. Brüning und T. Ayan, *Beratung von Migrantinnen und Migranten: Herausforderungen, Unterstützungsbedarfe, kulturelle Begegnungen*, Edition KWV, https://doi.org/10.1007/978-3-658-24674-7_1

schlimmsten Fall in Fremdenhass umschlagen (vgl. Moosmüller 2009, S. 42 f., der den Artikel „Too Diverse" des britischen Journalisten David Goodhart aus dem Jahr 2004 zitiert). Obwohl viele Zuwanderer über eine gute berufliche Qualifizierung verfügen und in vielen Fällen auch einen Fachhochschul- oder Hochschulabschluss vorweisen können (vgl. Meier-Braun 2013, S. 15, Baas & Brücker, 2011, S. 5; Baas, 2010, S. 14), wurde diese bislang aufgrund fehlender oder nicht einheitlich geregelter Bewertungsverfahren und Bewertungsmaßstäbe in Deutschland kaum genutzt (vgl. Maier & Rupprecht, 2011, S. 201 f.; Bundesregierung, 2011, S. 115 f., 409; Steinhardt, Hönekopp, Bräuninger, Radu & Straubhaar, 2005, S. V-VI). Englmann und Müller (2007, S. 18) sprechen diesbezüglich von einer „Lose-Lose-Situation". Die betroffenen Migranten erfahren eine Abwertung ihrer erworbenen Qualifikationen und sowohl die aufnehmende Gesellschaft als auch das Herkunftsland können diese nicht mehr adäquat nutzen. Als Folge ist zu konstatieren, dass Migranten in Deutschland häufiger von Arbeitslosigkeit betroffen sind als Einheimische und zudem eine geringere Erwerbsbeteiligung aufweisen (vgl. Franken, 2011, S. 10; Knuth & Brussig, 2010, S. 26; Färber, Arslan, Köhnen, & Parlar, 2008, S. 7; Baas, 2010, S. 16). Dieses erhöhte Risiko betrifft zudem nicht nur geringqualifizierte Migranten, sondern auch hochqualifizierte, deren Arbeitslosenquoten im Vergleich zur einheimischen Bevölkerung sehr hoch sind (vgl. Anger, Erdmann, Plünneke, & Riesen, 2010, S. 119).

Die wichtigste Maßnahme einer erfolgreichen und somit auch den eigenen Qualifikationen entsprechenden Integration in den Arbeitsmarkt muss in der Anerkennung der im Ausland erworbenen Qualifikationen gesehen werden. Hierzu benötigen die Migranten jedoch relevante Informationen bezüglich Anerkennungsoptionen, entsprechende Ansprechpartner und Möglichkeiten der finanziellen Unterstützung. Gemäß Englmann & Müller (2007, S. 22) sind die Migranten jedoch meist auf sich alleine gestellt, um ihre Chancen auf dem Arbeitsmarkt auszuloten. In vielen Fällen erhalten sie wichtige Informationen zu Weiterbildungen oder Arbeitsmöglichkeiten aus ihren eigenen ethnischen Gruppen, da sie „vor allem aus sozialen und sprachlichen Gründen von zahlreichen wichtigen Informationsquellen abgeschnitten [sind]" (Mattarei, 2002, S. 104). Um die vorhandenen Wissensdefizite und Ängste abzubauen und ein Signal des Willkommens zu setzen, sind institutionell verankerte Unterstützungsstrukturen wie Beratungsangebote und Welcome-Center unabdingbar. Auch Englmann und Müller-Wacker (2010, S. 27) sehen vor allem in der Beratung ein wichtiges Instrument zur Unterstützung: „Drohender Ressourcenverlust durch die Nicht-Anerkennung von Qualifikationen oder durch Arbeitslosigkeit soll durch Anerkennungsberatung, die eine Schnittstelle zwischen Bildungs-, Laufbahn- und Kompetenzentwicklungsberatung bildet, verhindert werden." Neuere wissenschaftliche Ergebnisse zur Diversitätsforschung deuten darauf hin, dass eine positive Einstellung gegenüber der Diversität mit weniger Fremdenfeindlichkeit einhergeht (vgl. Stegmann & van Dick, 2013, S. 158). Die erfolgreiche Implementierung und Umsetzung einer umfassenden Beratungsleistung für Migranten setzt daher eine Offenheit der Berater, Institutionen und nicht zuletzt der Gesellschaft voraus. Im nachfolgenden Kapitel wird daher das Prinzip der interkulturellen Öffnung näher erläutert.

1.2 Interkulturelle Öffnung

Um dem „[…] demokratische[n] Prinzip nach einer gleichberechtigten Teilnahme an allen gesellschaftlichen Gütern […]" (Fischer, 2009, S. 11) in Zeiten des demografischen Wandels nachkommen zu können, um somit den wirtschaftlichen Herausforderungen adäquat zu begegnen, steigt der Drang und Anreiz, sich für die Bedürfnisse von Zuwanderern zu öffnen. Neben qualitativ geschultem Personal muss sich ebenso die jeweilige übergeordnete Organisation der Bedeutung von Interkulturalität in ihrem Handlungsfeld bewusst sein und diese umfassend in das Leitbild und die Strukturen umsetzen. Denn nur in einem gelungenen Zusammenspiel von Mitarbeitern und Organisation lassen sich die hohen Anforderungen einer konkreten zielgruppenorientierten Öffnung auch verwirklichen (vgl. Leenen, Groß & Grosch, 2010, S. 113). Dazu eignen sich als Strategien der Organisationsentwicklung die Interkulturelle Öffnung und das Diversity Management.

Wie beim individuellen Lernen interkultureller Kompetenz, dreht es sich auch im organisatorischen Bereich um die „[…] Anerkennung der Existenz unterschiedlicher Ethnien und Gesellschaftsgruppen mit verschiedenen Interessen und Bedürfnissen in der Gesellschaft als auch deren Behandlung […] von der Organisation" (Jakubeit, 2009, S. 238).

Ausgangspunkt ist aber zunächst die Frage nach dem vorhandenen Bewusstsein einer Organisation für Interkulturalität (vgl. Leenen et al., 2010, S. 115). Es handelt sich um die Entwicklung eines Gespürs für solche Fragestellungen, bevor anschließend die bisher in der Organisation allgemein gültigen Konstruktionen von Wirklichkeit dahingehend andersartig gestaltet werden können. Dies setzt jedoch einen vielschichtigen Prozess in Gang (vgl. Leenen et al., 2010, S. 117), der in der konkreten Praxis im Leitbild der Organisation seinen Anfang nimmt (vgl. Auernheimer, 2010a, S. 13). Interkulturelle Orientierung ist damit eine übergreifende Aufgabe, die in allen Abteilungen und Bereichen angegangen werden muss (vgl. Fischer, 2009, S. 26). Das bedeutet eine Berücksichtigung „[…] in konzeptionellen Überlegungen, in innerorganisatorischen Strukturen und Prozessen, in den Angeboten der Organisationen und in der Definition ihrer Zielgruppen, im Umgang mit Kunden […], in der Qualifikation der Mitarbeiter oder in der Fähigkeit, veränderte Kundenwünsche und Bedürfnisse wahrzunehmen und mit Angeboten und Maßnahmen auf diese zu reagieren" (Jakubeit, 2009, S. 238).

Dies ist allerdings als einschneidende Erneuerung der Organisation zu werten, „[…] insbesondere im Selbstverständnis und in der Identität" (Jakubeit, 2009, S. 239). Aufgrund der Prägung der Organisation durch diese zwei Faktoren, die sich ebenso auf die in ihr tätigen Mitarbeiter übertragen kann, welche von dem Wandel gleichfalls betroffen sind, können Bedenken und Gegenwehr auftreten. Dies macht eine genaue vorhergehende Analyse solcher potenzieller Faktoren notwendig, um nicht von diesen überrascht und in der Umsetzung behindert zu werden. Zumal sich dann die grundsätzliche Frage nach den Verwirklichungschancen stellen kann, wenn innerhalb der die Organisation tragenden Mitarbeiterschaft kein Bewusstsein für die Veränderung vorherrscht. Dies impliziert rechtzeitige Partizipationsmöglichkeiten für die Beschäftigten zu installieren (vgl. Jakubeit, 2009, S. 239-242).

Eine vorhergehende Analyse ist aber auch deshalb notwendig, da wie bei der personalen Entwicklung interkultureller Kompetenz, auch Organisationen schon im Besitz von „[…] Erfahrungen und Ansätze[n] […]" (Jakubeit, 2009, S. 251) sind. Denn wie auch das „[…] Verständnis personaler Kompetenz gründet diese organisationale interkulturelle Kompetenz auf einem Problemlösungspotential, also dem entsprechenden Vorrat an Wissen, Fähigkeiten und Fertigkeiten der Organisation zur Bewältigung bestimmter Anforderungen" (Leenen et al., 2010, S. 114). Daraus ergibt sich die Anforderung einer lernbereiten, offenen, kooperativen sowie zukunftsbewussten und selbstreflexiven Organisationskultur.

2 Grundlagen interkultureller Beratung

2.1 Beratung im interkulturellen Kontext

Unter Beratung kann grundsätzlich ein Akt der sprachlichen Interaktion zwischen Berater und Ratsuchendem verstanden werden, mit dem Ziel, die Handlungs- und Problemlösekompetenz des Ratsuchenden durch Hilfestellungen seitens des Beraters zu verbessern (vgl. Dietrich, 1991, S. 2; Rechtien, 2004, S. 16; Nußbeck, 2010, S. 20). Es handelt sich also um einen „zwischenmenschlichen Prozess", in welchem der Ratsuchende „mehr Klarheit über die eigenen Probleme und deren Bewältigung gewinnt" (Rechtien, 2004, S. 16). Im Verlauf des Beratungsgesprächs sollte der Berater ein Gefühl für die Beziehung zum Ratsuchenden entwickeln und herausfinden können, wie viel Nähe bzw. Distanz sein Gegenüber benötigt. Eben „diese Einschätzung von Nähe und Distanz ist im interkulturellen Setting sehr viel schwieriger. Davon betroffen zum Beispiel ist die körperliche Nähe zwischen Ratsuchendem und Berater in der Beratungsarbeit, das Verhältnis von Mann und Frau und das Generationenverhältnis" (Kunze, 2009b, S. 29 f.). Der Aufbau eines Vertrauensverhältnisses unterliegt im interkulturellen Kontext somit Besonderheiten, die es zu (er)kennen und berücksichtigen gilt. Insbesondere muss sich der Berater seiner eigenen Befangenheit gegenüber dem Ratsuchenden bewusst sein und die Grenzen der Kommunikation – sowohl für ihn selbst, aber in erster Linie auch für den Ratsuchenden – korrekt einschätzen können (vgl. Kunze, 2009b, S. 29).

Laut Ertelt und Schulz (2008, S. 205 ff.) sind zur Lösung der Problemlagen die Ressourcen der Ratsuchenden zu identifizieren und entsprechend einzusetzen. Somit kann die Beratung als ein interaktiver Prozess angesehen werden, in dem einerseits eine Unterstützung durch den Berater stattfindet, andererseits aber auch eine aktive Beteiligung des Ratsuchenden zur erfolgreichen Problemlösung unabdingbar ist (vgl. Nußbeck, 2010, S. 20). Obgleich die Ratsuchenden einen aktiven Part im Beratungsprozess innehaben, darf laut Hielscher und Ochs (2009, S. 36) seitens des Beraters jedoch nicht erwartet werden, dass diese ihre Interessen und Erwartungen mit Nachdruck einfordern. Gerade im interkulturellen Kontext ist davon auszugehen, dass dies bereits an Sprachbarrieren der Ratsuchenden scheitern kann. Zudem können Schwierigkeiten auftreten, wenn Rechte und Pflichten nicht bekannt sind oder schlicht nicht verstanden werden. Die Berater müssen daher sicherstellen, dass alle relevanten Informationen von den Ratsuchenden verstanden und korrekt interpretiert werden – die Ratsuchenden sollten also „dort abgeholt werden, wo sie stehen". Kunze empfiehlt zudem, der jeweiligen Muttersprache einen gewissen Raum zuzugestehen (vgl. Kunze, 2009c, S. 68), was hilfreich sein kann, um Missverständnissen vorzubeugen, die aufgrund kultureller Unterschiede in der Art der Kommunikation sowie ihrem Argumentationsaufbau auftreten können (vgl. Gumperz, 1982 sowie Gumperz, Jupp & Roberts, 1979, zitiert nach Rost-Roth, 2002, S. 218).

Es sind jedoch nicht nur die „individuellen Voraussetzungen von Berater und Ratsuchendem" zu berücksichtigen (Nußbeck, 2010, S. 20), sondern auch „interne und externe Einflussfaktoren", denen die Beratung unterworfen ist (Nestmann, Sickendiek & Engel, 2007, S. 599). Der Berater benötigt somit neben „allgemeine[n] Kompetenzen der Beratungsmethoden, Gesprächsführung, diagnostische[m] Wissen und ein[em] Wissen um Kommunikationsmodelle, Interaktionsprozesse und Beziehungsaufbau" vor allem auch „spezifisches Fachwissen" (Nußbeck, 2010, S. 20). Im Bereich der Anerkennungsberatung ist daher neben den Rechts- und Verfahrenskenntnissen insbesondere auch die Fähigkeit, zusammen mit dem Ratsuchenden die Realisierung seines Wunschberufes und eventuelle Laufbahnalternativen zu eruieren, von großer Relevanz (vgl. Englmann & Müller-Wacker, 2010, S. 29). In erster Linie geht es hierbei um die Schaffung von Transparenz und die Weitergabe relevanter Informationen an die Ratsuchenden, damit diese ihre Möglichkeiten auf dem deutschen Arbeitsmarkt kennen und besser einschätzen lernen (vgl. Englmann & Müller-Wacker, 2010, S. 34). Inwiefern die Ratsuchenden diese Informationen in Handlungen umsetzen, kann sehr unterschiedlich sein. Schmidt und Tippelt betonen in diesem Zusammenhang, dass der Berater im interkulturellen Beratungskontext „andere Deutungsmuster und Wertvorstellungen zu kennen und anzuerkennen" hat (Schmidt & Tippelt, 2006, S. 38). Dieses interkulturelle Verständnis stellt für Hegemann sogar „das zentrale Thema guter Beratung für Migranten und ethnisch/kulturelle Minoritäten" dar (Hegemann, 2002, S. 167).

2.2 Kultur und kulturelle Begegnung

2.2.1 Migrationshintergrund und Herausforderungen in der Beratung

Bei einer speziell an den Erfordernissen von Migranten orientierten Beratung muss der besondere Umstand des Migrationsprozesses bedacht werden. Hinter ihm vermag sich in Verbindung mit der individuellen Persönlichkeit des Migranten eine Vielzahl an Herausforderungen verbergen.

Menschen mit Migrationserfahrung durchleben zunächst verschiedene Stadien „[…] der Anpassung und des Aushandelns von neuem Sinn […]". Sie sehen sich mit einer neuen Sprache, anderen „[…] Denkmodelle[n] und Deutungsmuster[n]" (Lanfranchi, 2004, S. 16) konfrontiert und versuchen, durch die Aneignung dieser Aspekte eine möglichst gelungene Integration zu erzielen (vgl. Lanfranchi, 2004, S. 16; Schönpflug, 2007, S. 330 f.). Ein Assimilationsdruck (vgl. Abschnitt 1.1), also die vollständige Aufgabe ihrer Herkunftskultur, ist hierbei jedoch nicht erstrebenswert. Vielmehr muss das Ziel von Integration eine bikulturelle Persönlichkeit sein, die „[…] Teile der eigenen [früheren] Identität bewahrt […] und neue Elemente hinzukommen [lässt]" (Lanfranchi, 2004, S. 16). Eine Aufgabe innerhalb der Beratung ist es, dieses Ziel zu unterstützen. Dies beinhaltet allerdings auch eine Auseinandersetzung der Ratsuchenden mit den „[…] Erfahrungen aus dem Herkunftsland" (Facharbeitskreis "Beratung" vom Netzwerk "Integration durch Qualifizierung", 2010, S. 12). Für eine derartig positive Entwicklung sind sie auf ihre eigenen Kraftquellen, das Erschaffen von Strategien der Problemlösung sowie auf den Zugang zu Unterstützung und Hilfe angewiesen (vgl. von Radice Wogau, 2004, S. 48).

Innerhalb des Migrationsprozesses werden die Migranten oft mit Diskriminierung und Intoleranz konfrontiert (vgl. Kohn, 2011, S. 7 ff.). Eine Studie vom Sachverständigenrat deutscher Stiftungen für Integration und Migration belegt, dass sich 42 Prozent der in der Bundesrepublik ansässigen Migranten „[…] in einem der acht abgefragten Lebensbereiche (Bildung, Arbeitsmarkt, Ämter/Behörden, Nachbarschaft, Religionsausübung, Freizeitaktivitäten, öffentliche Transportmittel, Wohnungssuche) [...]" (MIGAZIN, 2012) diskriminiert fühlen. Vor allem stellen sie dies in den Ämtern und Behörden sowie am Arbeitsmarkt fest (vgl. MIGAZIN, 2012). Im Falle des Aufsuchens mehrerer Behörden und Ämter kann sich die Situation weiter verstärken (vgl. Facharbeitskreis "Beratung" vom Netzwerk "Integration durch Qualifizierung", 2010, S. 12).

In der Beratung sind deshalb „[...] die Diskriminierungserfahrungen der ratsuchenden Person ernst zu nehmen. Denn sie sind für Migranten [...] in einem großen Maße Alltagserfahrung [...]" (Willner, Vadgy-Voß, & Kröger, 2007, S. 5). Die Berater sind als professionell Handelnde gefordert, einen vertrauensvollen Rahmen und eine ebensolche Beziehung zu entwickeln (vgl. Salman & Hegemann, 2007, S. 354). Denn „Menschen, die mit Rassismus oder anderen Formen von Diskriminierung Erfahrungen gemacht haben, achten sorgfältig darauf, ob ihr Gegenüber ihnen vertrauenswürdig erscheint" (Salman & Hegemann, 2007, S. 354). Dieses Vertrauen kann auch durch eine Diskriminierung seitens des Beraters gefährdet sein, indem Migranten als rückständige Personen wahrgenommen werden und darüber die eigenen Handlungsmöglichkeiten als eingeschränkt bewertet werden (vgl. Gaitanides, 2007, S. 319, 321).

Kern einer migrationsspezifischen Beratung ist demnach die Würdigung von „Stärken und Potenziale[n]" (Facharbeitskreis "Beratung" vom Netzwerk "Integration durch Qualifizierung", 2010, S. 38) der ratsuchenden Person. Zentral ist darüber hinaus das Wahrnehmen und Ernstnehmen der „subjektiven Anliegen und Perspektiven" (Wilhelm & Sickendiek, 2007, S. 11). Intention dabei ist stets das Erschaffen von neuen Handlungsmöglichkeiten (vgl. Facharbeitskreis "Beratung" vom Netzwerk "Integration durch Qualifizierung", 2010, S. 38). „Das Verstehen der Weltsicht des Klienten [, die Art der Konstruktion und Organisation von Erfahrungen,] wird damit zur zentralen Aufgabe [...]" (Ertelt, 2002, S. 1561). Aus diesem Grund müssen Diskriminierungserfahrungen anerkannt und in ihrer Relevanz für die Person der ratsuchenden Migranten berücksichtigt sowie verstanden werden – gleichsam dem Erkennen und Verstärken von Ressourcen.

Konkrete Ressourcen im Umfeld der Klienten mit Migrationshintergrund wahrzunehmen, nimmt in lebensnaher Weise die große Bedeutung von Familie und Gemeinschaft für den einzelnen Migranten auf und entspricht in der fachlichen Darlegung den systemtheoretischen Ansätzen (vgl. Lanfranchi, 2004, S. 17). „Die systemische Perspektive ist ein wesentliches Denk- und Arbeitsprinzip, um die interkulturellen Dimensionen menschlicher Begegnung in der Beratung [...] fundiert mit einzubeziehen" (Lanfranchi, 2004, S. 63). Weitere migrationsspezifische Ressourcen von Ratsuchenden können unter anderem die Bereitschaft sein, neue Wege zu gehen, um eine Verbesserung vormaliger Lebensumstände anzustreben, über bi-/multikulturelle Erfahrungen zu verfügen oder die Kompetenz, mehrere Sprachen zu beherrschen. Diese vermeintliche Sprachaffinität gilt allerdings in der Wissenschaft als umstritten (vgl. Haug, 2008, S. 35).

Das Beherrschen der Sprache des Aufnahmelandes kann eine der grundlegenden Herausforderungen innerhalb eines Beratungsgesprächs mit Migranten sein, wenn sie nicht oder nur unzureichend gesprochen und/oder verstanden wird. Sie stellt damit nicht nur für eine Teilhabe an der Gesellschaft und dem Arbeitsmarkt eine essentielle Bedingung dar. Eine entscheidende Rolle für die Beherrschung des Deutschen spielt die Bildung – sowohl die der Neuzuwanderer als auch die der bereits hier lebenden oder geborenen Personen mit Migrationshintergrund. Weniger als häufig angenommen, übt das Leben in ethnischen Enklaven Einfluss auf den Spracherwerb aus (vgl. Danzer & Yamam, 2010, S. 1).

Zentral für die Kommunikation zwischen zwei Personen sind die Prozesse der Wahrnehmung, des Verstehens und der Verständigung (vgl. Ertelt, 2002, S. 1566). Im Falle einer weniger ausreichend ausgeprägten deutschen Sprachkompetenz können Missverständnisse zwischen dem Berater und dem Ratsuchenden entstehen, die den gesamten Beratungserfolg gefährden können. Mit den Aspekten der Wahrnehmung und des Verstehens wird zugleich deutlich, dass es zwei kommunikative Vorgänge innerhalb einer Interaktionssituation gibt: den „interne[n] Dialog zwischen gedachten aber nicht ausgesprochenen Botschaften" (Ertelt, 2002, S. 1566) der jeweils beteiligten Akteure und die direkte mündliche Kommunikation. Dies veranschaulicht die komplexen Wechselwirkungen innerhalb eines Kommunikationsprozesses, die sich in interkulturellen Dialogen noch potenzieren, zumal, wenn es sich dabei um Beratungssituationen handelt (vgl. Ertelt, 2002, S. 1566). Diese sind unter Umständen von Unter- und Überordnungsverhältnissen, von asymmetrischer Kommunikation zwischen Berater und Ratsuchendem gekennzeichnet. Bei letzteren kann dies ein Gefühl des Ausgeliefertseins hervorrufen, insbesondere bei Beratungen im Zwangskontext (vgl. Auernheimer, 2010b, S. 47 ff.). Je nach Herkunft ist aber schon die Situation einer Beratung selbst für den Einzelnen ungewohnt. Demnach ist die Kommunikation abhängig von der Sprachkompetenz der Kunden und Berater sowie dem jeweiligen Umgang mit der Kultur- und Machtdimension (vgl. Gaitanides, 2007, S. 321).

Emotionale Barrieren für ein gelungenes und als angenehm empfundenes Beratungsgespräch zeigen sich folglich sowohl auf Seiten der Migranten als auch auf Seiten der Berater. Stehen bei den Migranten vor allem Ängste und schlechte Erfahrungen für innere Zugangsschwellen, sind es bei den einheimischen Beratern Stereotype und Vorurteile, „[...] unbewusst wirkende[r] Ethnozentrismus, [...] Mangel an Kultursensibilität, Kompetenzverlust- und Überforderungsängste [...]" (Gaitanides, 2007, S. 315).

Zusammenfassend können sich Schwierigkeiten aus den migrationsspezifischen Umständen der bisherigen Erfahrungen der Ratsuchenden im Zuge ihrer Migration, dem inneren Aushandlungsprozess zwischen Herkunftskultur und der Kultur des Aufnahmelandes, den Erwartungshaltungen an den neuen Lebensabschnitt, der Sprachproblematik sowie aus dem rechtlichen Aufenthaltsstatus und der damit verbundenen Sicherheit oder Unsicherheit über die eigene Zukunft und möglicherweise die der gesamten Familie ergeben. Hinzutreten kann ein geringer Informationsstand in relevanten Themenbereichen. Dies sollte eine Beratungsfachkraft sodann eruieren und im Anschluss gemeinsam mit dem Ratsuchenden aufarbeiten. Es kann sich allerdings umso herausfordernder darstellen, je geringer die Sprache des Gastlandes beherrscht und/oder verstanden wird, je weiter die Erwartungshaltungen des Ratsuchenden und des Beraters auseinander liegen oder je schmerzlicher die Migrationserfahrungen für den Kunden waren bzw. sind.

Anforderungen für die Beratungsfachkräfte ergeben sich damit auf vielfältigen Ebenen und lassen sich nicht punktuell kurzfristig erlernen. Sie setzen einen längeren Prozess der Aneignung und Umsetzung voraus, welcher sich über die gesamte Zeit der professionellen Ausübung von Beratung hinziehen sollte (vgl. Gaitanides, 2007, S. 317; Willner et al., 2007, S. 5; Wilhelm & Sickendiek, 2007, S. 8; von Radice Wogau, 2004, S. 50). Zunächst sind das Beherrschen und Anwenden fachlicher sowie beratungstheoretischer und methodischer Kenntnisse zu nennen. In der migrationsspezifischen Beratung jedoch kommt ein wesentliches notwendiges Element hinzu: das interkulturelle Bewusstsein.

2.2.2 Interkulturelle Begegnung

Der Bedeutung interkultureller Kompetenz soll dabei im Folgenden eine besondere Aufmerksamkeit gewidmet werden. Denn „[d]ie Anforderungen an umfassendes Wissen zur Durchsetzung von Beratung zeigen, dass Fachkräfte für die Beratung von Migranten [...] qualifiziert werden müssen und interkulturelle Kompetenz benötigen" (Willner et al., 2007, S. 5). Hinter der scheinbar in ersten Assoziationen zu fassenden Bezeichnung *interkulturell* verbirgt sich ein komplexes und viel diskutiertes Konzept. Die große Bandbreite an Diskussionen äußert sich auch in der Vielzahl an nebeneinander existierenden Definitionen (vgl. Wilhelm & Sickendiek, 2007, S. 7; Mecheril, 2007, S. 297; Auernheimer, 2010b, S. 60; Leenen et al., 2010, S. 110).

Interkulturelle Kompetenz spiegelt einen „[...] kompetenten Umgang mit kultureller Unterschiedlichkeit und der Herstellung von Kooperation in einer solchen Unterschiedlichkeit" (Hegemann, 2004, S. 82) wider. Die kulturelle Begegnung gestaltet sich demnach „[...] im Empfinden, Denken und Verstehen sowie im Handeln [...] friedfertig, verständigungsorientiert [...]" (Antor, 2007, S. 112). Damit ist sie „[...] eine Form von sozialer Kompetenz, die über die für monokulturelle Interaktionen notwendige Kompetenz hinausgeht" (Kumbruck & Derboven, 2009, S. 6) und sich aus „[...] einem Bündel an Fähigkeiten [...]" (Leenen et al., 2010, S. 110) zusammensetzt, „[...] die alle ausgebildet und miteinander vernetzt sein müssen, um fruchtbare interkulturelle Interaktion zu ermöglichen" (Antor, 2007, S. 112). In der wissenschaftlichen Erforschung dieser Kompetenzen versucht man nun die „[...] Systematisierung von Komponenten sowie [...] eine [...] vergleichende [...] Analyse verschiedener Forschungsperspektiven [...]" (Scheitza, 2009, S. 93) zu initiieren. Zudem wird heute den Aspekten Kontext und Organisation mehr Aufmerksamkeit in den Konzepten geschenkt (vgl. Kalpaka, 2004, S. 33; Wilhelm & Sickendiek, 2007, S. 8; Mecheril, 2007, S. 300). Die Betrachtung interkultureller Kompetenz bedarf jedoch zunächst immer einer Analyse über „[…] das zugrundeliegende Kulturverständnis […]“ (Leenen et al., 2010, S. 103), da sich aus ihr die Schlussfolgerungen bezüglich konkreter Kompetenzanforderungen ergeben (vgl. Leenen et al., 2010, S. 103).

Die Kultur wird hier nicht als ein klar abgrenzbares und geschlossenes System von Bedeutungen aufgefasst. Vielmehr greift die Überzeugung von einer sich permanent im Bewegungs- und Veränderungsfluss befindenden Kultur, wodurch es auch zu Überlappungen mit anderen Kulturen kommt. Da somit das Individuum zugleich an mehreren Kulturen teilnimmt, wird ersichtlich, dass es sich nicht allein um eine ethnische Definition von Kultur handelt und auch das Individuum infolgedessen nicht fixiert sein kann, sondern sich gleichfalls einem ständigen Deutungsfluss ausgesetzt sieht (vgl. Leenen et al., 2010, S. 105). Diesem Prozess ist der Mensch folglich sein gesamtes Leben lang ausgesetzt (vgl. Thomas, 2005, S. 23) und gibt es auch an die nachfolgenden Generationen weiter (vgl. Kumbruck & Derboven, 2009, S. 9). Kultur bietet den Einzelnen damit Orientierung, Interaktion und Nutzungsmöglichkeit ihrer verschiedenen Lebenssphären (vgl. Antor 2007, S. 115). Dies eröffnet zugleich „[…] Handlungsanreize und Handlungsmöglichkeiten, stell[t] aber auch Handlungsbedingungen und Handlungsgrenzen dar“ (Jakubeit, 2009, S. 238). Das eigene kulturelle Selbstbild des Individuums rückt aber lediglich in der konkreten Unterscheidung zum Fremden ins Bewusstsein. Dies unterstreicht die Relativität von Kultur, da sie für den Einzelnen sonst nur in unbewusster Weise das Wahrnehmen, Denken und Handeln bestimmt (vgl. Kumbruck & Derboven, 2009, S. 8 f.; Thomas, 2005, S. 22).

Für die interkulturelle Begegnung ergeben sich von diesen Annahmen ausgehend folgende Aspekte: „Auch beim Zusammentreffen zweier Kulturen ist […] nicht von einer Konfrontation zweier stabiler Werte- und Normsysteme auszugehen, sondern von einer Gegenüberstellung unterschiedlicher Selbstbilder und Interpretationsmuster, die sich in der Interaktion mit der anderen Kultur entfalten und weiterentwickeln“ (Kumbruck & Derboven, 2009, S. 11). Zudem „[…] vermeidet eine solche Bestimmung von Kultur auch jegliche Essentialisierung und damit Privilegierung eines bestimmten kulturellen Musters, die im Falle von interkulturellen Kontakten zu hierarchischem Streben, Dominanzansprüchen und Konflikten führen könnte“ (Antor, 2007, S. 115). Dies bietet die Chance, in der interkulturellen Begegnung „[…] eher das Verbindende als das Trennende […] wahrnehmen […]“ zu können (Antor, 2007, S. 116), da den jeweils anderen ebenso ein „[…] menschliche[s] Grundbedürfnis […] nach Orientierung“ (Antor, 2007, S. 115) leitet. Den Interaktionspartnern wäre demzufolge ein Agieren „ohne Anpassungszwang“ (Thomas, 2005, S. 31) möglich.

Das Geschehen in einer interkulturellen Begegnung ist jedoch durch „zirkuläre Prozesse“ (Kumbruck & Derboven, 2009, S. 12) gekennzeichnet. Selbst- und Fremdsichten der beteiligten Personen treffen in einem ständigen Kreislaufprozess aufeinander, was die Komplexität einer interkulturellen Interaktion stark erhöht (vgl. Kumbruck & Derboven, 2009, S. 12).

Interkulturelle Kompetenz benötigt deshalb grundlegend zwei Ebenen von Reflexion, zum einen eine Auseinandersetzung mit der eigenen Kultur und zum anderen eine solche über die Fremdkultur (vgl. Kalpaka, 2004, S. 43). Ferner muss eine professionelle Beratungsfachkraft Kenntnisse über und Methoden für den Umgang mit den zuvor erläuterten kreisförmigen Prozessen (vgl. Kumbruck & Derboven, 2009, S. 13) besitzen.

In gedanklicher Weiterführung der obigen Auffassung von Kultur ergeben sich notwendige Kompetenzen für Berater im Hinblick auf die „Wahrnehmung von Multiperspektivität", „Akzeptanz von Differenz" sowie „[k]ontextangemessenes Verständigungshandeln" (Leenen et al., 2010, S. 106). Für interkulturelle Begegnungen lassen sich demgemäß über das jeweils bereichsspezifische Fachwissen hinaus ebenso soziale wie auch persönliche Kompetenzen festmachen (vgl. Leenen et al., 2010, S. 110 f.).

3 Methodische Vorgehensweise

3.1 Methode des teilstandardisierten Interviews

Mit dem Ziel, die migrationsspezifische Beratung aus Sicht der Berater und Ratsuchenden zu analysieren, wurden für die vorliegende Studie persönliche Interviews geführt. Es sollen Erkenntnisse aus der erlebten Beratungswirklichkeit des jeweiligen Untersuchungsobjektes gezogen werden. Der Anspruch auf Repräsentativität der Ergebnisse – wie sie in quantitativen Erhebungen gegeben ist – wird in der vorliegenden Studie nicht erhoben. Im Gegensatz zu rein quantitativen Methoden ermöglichen Interviews einen detaillierten Einblick in die Erfahrungen der Befragten. Die Realitätskonstruktion findet folglich auf der Mikroebene statt und erlaubt eine interpretative Auswertung der Verbalisierungen (vgl. Bortz & Döring, 2009, S. 296; vgl. auch Uhlendorf & Prengel, 2010, S. 146). Durch diese ergebnisoffene Vorgehensweise erhöhen sich die Chancen, bei qualitativen Datenerhebungen neuartige Informationen zu gewinnen bzw. neue Aspekte eines Themas zu erschließen (vgl. Bortz & Döring, 2009, S. 302 und 346; Mayring, 2001, S. 3).

Das Leitfadeninterview

Um das Gespräch flexibel gestalten und individuell auf die Interviewten eingehen zu können, wurde die gängigste Form qualitativer Befragungen, das Leitfaden- oder teilstandardisierte Interview, gewählt. Durch dieses kann eine realitätsnahe, soziale Interaktion gewährleistet und auftretenden Missverständnissen vorgebeugt werden (vgl. bspw. Schulz & Ruddat, 2012, S. 3). Mithilfe eines Interviewleitfadens,[2] der sowohl offene als auch geschlossene Fragen beinhaltet, sind die Inhalte des Gesprächs vorab definiert und strukturiert worden (vgl. u. a. Schnell, Hill & Esser, 2013, S. 314; Bortz & Döring, 2009, S. 238). Eine präzise und wortgenaue Formulierung der einzelnen Fragen sowie die strikte Einhaltung einer Fragenreihenfolge ist – im Vergleich zu einem vollständig standardisierten Interview – jedoch nicht notwendig (vgl. Bortz & Döring, 2009, S. 238 f.). Durch die vorgegebene Struktur des Leitfadens wird sowohl dem Anspruch einer theoriegeleiteten als auch einer offenen und explorativen Untersuchung Rechnung getragen (vgl. Bortz & Döring, 2009, S. 314). Die Teilstandardisierung der Fragen unterstützt hierbei die Vergleichbarkeit der Ergebnisse und somit auch eine strukturierte Auswertung. Ein weiterer Vorteil dieser Methode liegt in der flexiblen Handhabung des Interviewleitfadens, sodass bei Bedarf Fragen umformuliert und die Reihenfolge spontan angepasst werden können. Zudem ist es durch die persönliche Interaktion möglich, Hintergründe zu erfragen, Unklarheiten zu beseitigen und zusätzliche Informationen zu geben (vgl. Maehler, 2012; Atteslander, 2010, S. 135; Scholl, 2009, S. 38). Dies erhöht die Realitätsnähe der Interviewsituation und kann zu einer offenen und ehrlichen Beantwortung der Fragen beitragen. Allerdings ist mit dieser Offenheit und Flexibilität auch eine große Verantwortung für die Interviewer verbunden. Neben kommunikativen Kompetenzen müssen sie Kenntnisse über ihre Rolle und die damit einhergehenden Ein-

---

[2] Vgl. Leitfäden zur Befragung der Berater (Tab_A1) und Ratsuchenden (Tab_A2) im Anhang A1.

© Springer Fachmedien Wiesbaden GmbH, ein Teil von Springer Nature 2014
E. M. Brüning und T. Ayan, *Beratung von Migrantinnen und Migranten: Herausforderungen, Unterstützungsbedarfe, kulturelle Begegnungen*, Edition KWV, https://doi.org/10.1007/978-3-658-24674-7_3

flussmöglichkeiten besitzen (vgl. Bortz & Döring, 2009, S. 310; Schulz & Ruddat, 2012, S. 3).[3]

Interviewer und Interviewer-Effekte

Im Rahmen eines qualitativen Interviews hat der Interviewer „nicht die Rolle des distanzierten >>Befragers<<, sondern eher die eines engagierten, wohlwollenden und emotional beteiligten Gesprächspartners, der flexibel auf den Interviewten eingeht und dabei seine eigenen Reaktionen genau reflektiert" (Bortz & Döring, 2009, S. 308). Zugleich müssen die Ergebnisse der unterschiedlichen Interviews vergleichbar sein und folglich auch die Fragestellungen. Der Interviewer hat somit die Aufgabe, die Befragungssituation konstant zu halten. Dies wird am ehesten erreicht, wenn er dem Thema und auch dem Befragten gegenüber absolut neutral eingestellt ist (vgl. Schnell et al., 2013, S. 316). Zur Steigerung der Qualität der erhobenen Daten ist es daher notwendig, allgemeine Gesprächsregeln einzuhalten, eine angenehme Gesprächssituation zu schaffen und eigene Einstellungen und Bewertungen zu unterlassen (vgl. Schulz & Ruddat, 2012, S. 8 f.).

Dennoch kann nicht ausgeschlossen werden, dass es aufgrund der Person des Interviewers oder aufgrund des zu erforschenden Themas zu Verzerrungen im Antwortverhalten der Befragten kommt. Die beiden wichtigsten Antwortverzerrungen (Response Errors) sind hierbei die „Zustimmungstendenz" sowie die „Soziale Erwünschtheit" (vgl. u. a. Schnell et al., 2013, S. 345 ff.). Denkbar ist zudem, dass sich die Befragten in der Befragungssituation nicht wohlfühlen oder eingeschüchtert sind und aus diesen Gründen „ausweichend oder unehrlich antworten" (Scholl, 2009, S. 39). Solche systematischen Verzerrungen, die aufgrund der Person des Interviewers hervorgerufen werden, können durch den Einsatz mehrerer Interviewer abgemildert werden (vgl. Schnell et al., 2013, S. 317). In der vorliegenden Untersuchung wurden die insgesamt 97 Interviews von fünf Studierenden der Hochschule der Bundesagentur für Arbeit (HdBA) im Rahmen ihrer Bachelorarbeit durchgeführt, sodass diese Art der systematischen Verzerrung weitestgehend ausgeschlossen werden kann.

3.2 Zielgruppengewinnung

Die Stichprobe der vorliegenden qualitativen Pilotbefragung umfasst 72 Berater, die im Rahmen ihrer Beratungstätigkeit auch Ratsuchende mit Migrationshintergrund betreuen, sowie 25 Ratsuchende, die ihre berufliche Qualifikation im Ausland erworben haben.[4] Die Gewinnung der zu befragenden Berater und Ratsuchenden erfolgte im Zeitraum vom Januar 2013 bis Mitte März 2013. Neben den Einrichtungen der Bundesagentur für Arbeit (Arbeitsagenturen und Jobcenter) wurden hierzu auch externe Beratungsstellen angefragt. Alle Teilnehmer wurden darüber informiert, dass die Beteiligung an der Studie freiwillig erfolgt

---

[3] Entnommen aus Müller & Ayan, 2013, S. 7
[4] Bei der vorliegenden Studie wurden hinsichtlich der Branche keine Einschränkungen getroffen, da sich die Zielgruppengewinnung als sehr schwierig erwiesen hat. Es ist davon auszugehen, dass die gewonnenen Aussagen nicht branchenspezifisch sind und die Ergebnisse folglich auch für den Sozial- und Gesundheitssektor Geltung besitzen.

und die Daten anonymisiert ausgewertet werden, sodass keine Rückschlüsse auf einzelne Personen möglich sind. Den Ratsuchenden wurde zudem erläutert, dass sie durch die Teilnahme an der Befragung keine Konsequenzen – wie etwa Sperrzeiten oder Sanktionen – zu befürchten haben.

3.3 Interviewleitfaden für Berater

Um einen Einblick in die Beratung von Migranten zu erhalten, wurden 72 Beratungsfachkräfte zu ihren Beratungserfahrungen befragt. Der Interviewleitfaden für Berater[5] gliedert sich in die sechs Themenblöcke[6]: (1) Zielgruppendefinition, (2) Herausforderungen einer migrationsspezifischen Beratung, (3) Informationspolitik, (4) Netzwerkarbeit und Verweisberatung, (5) Einschätzung über die Wünsche der Migranten und (6) Soziodemografische Merkmale. Die Operationalisierung dieser Teilbereiche wird in den nachfolgenden Abschnitten dargestellt.

(1) Zielgruppendefinition

Zu Beginn des Interviews werden die Vermittlungsfachkräfte gebeten, Aussagen zum monatlichen Anteil an Migranten in ihren Beratungsgesprächen zu treffen und zu reflektieren, wie viele der Migranten sich über die Anerkennung ihrer ausländischen Qualifikationen informiert haben. Angesichts der Aktualität des Themas „Anerkennung ausländischer Qualifikationen" können durch diese Fragen Erkenntnisse zur Relevanz des Themas bei der Zielgruppe selbst gewonnen werden. Zudem liefern sie Hinweise darüber, ob die verschiedenen Berater und Beratungsinstitutionen mit der migrationsspezifischen Beratung oder dem Thema der Anerkennung unterschiedlich stark vertraut sind. Im Rahmen der Zielgruppendefinition ist zudem die nationale Zusammensetzung der Ratsuchenden mit Migrationshintergrund interessant sowie die Frage, in welchen Berufsgruppen oder Branchen die Ratsuchenden häufig tätig sind. Ziel dieses einleitenden Fragenblocks ist auch, den Fokus der Berater auf die Thematik der migrationsspezifischen Beratung zu richten.

(2) Herausforderungen einer migrationsspezifischen Beratung

Eine interkulturelle Beratung – also eine Beratungssituation, in der die beratende und ratsuchende Person nicht den gleichen kulturellen Hintergrund aufweisen, unterliegt vielen Besonderheiten und Herausforderungen. Kohn (2011, S. 7) identifizierte in einer Delphi-Studie zur migrationsspezifischen, beschäftigungsorientierten Beratung die folgenden sieben Herausforderungen:

---

[5] Vgl. Fragebogen für Berater in Anhang A1 (Tab_A1).
[6] Der Leitfaden besteht insgesamt aus sieben Themenblöcken. In dieser Arbeit werden jedoch nur die genannten sechs Themenblöcke behandelt. Der siebte Themenblock „Schulungsbedarfe der Berater" wird in einer gesonderten Arbeit eingehend analysiert.

- Herausforderungen aufgrund von Wissensnachteilen über das deutsche Bildungs- und Beschäftigungssystem,
- Herausforderungen, die sich aus dem Erwerb des Deutschen als Zweitsprache ergeben,
- Herausforderungen durch den Aufenthaltsstatus und die formale Anerkennung im Ausland erworbener Qualifikationen,
- Herausforderungen aufgrund diskriminierenden Verhaltens/diskriminierender Strukturen,
- Herausforderungen für die Potenzialanalyse und die Aufgabe des Empowerments,
- Herausforderungen an den Zugang zu Förderungs- und Unterstützungsmöglichkeiten und
- Ansprüche an die Kompetenz der Berater.

Aufgrund dieser Vielfältigkeit an Herausforderungen in der Beratung von Migranten, wurden die befragten Berater gebeten, über die *Besonderheiten und Herausforderungen* in den Beratungsgesprächen mit Migranten zu reflektieren. Diese können sich beispielsweise in der Gesprächsvorbereitung, Durchführung oder der Nachbereitung zeigen. Gleiches gilt auch für den Beginn des Gesprächs und den Aufbau der Beziehung zwischen den Gesprächspartnern. In dieser sensiblen Phase ist es die Aufgabe des Beraters, eine angenehme Gesprächsatmosphäre und somit auch ein konstruktives Arbeitsklima zu schaffen (vgl. Bahrenberg, 2002). Im Rahmen der Interviews erhalten die befragten Berater weiterhin die Möglichkeit, ihre Erfahrungen und die möglichen festgestellten *Unterschiede zu deutschen Ratsuchenden* zu erläutern. Ferner werden sie gebeten, Faktoren zu identifizieren, die es dieser Personengruppe erschweren, sich erfolgreich in den *Arbeitsmarkt* zu integrieren. Interessant sind in diesem Zusammenhang zudem die Einschätzungen der Berater, welche *Eigenschaften und Merkmale* die Ratsuchenden ihrer Meinung nach bräuchten, um ihre Chancen auf dem Arbeitsmarkt zu verbessern. Auch *Ängste oder Unsicherheiten* der Ratsuchenden mit Migrationshintergrund können eine herausfordernde Situation in der Beratung darstellen. Aus diesem Grund werden die Berater abschließend auch zu ihren Erfahrungen hiermit befragt.

(3) Informationspolitik

Im Hinblick auf das deutsche Bildungs- und Beschäftigungssystem unterliegen Migranten einem spezifischen Wissensnachteil (vgl. Kohn, 2011, S. 7). Aufgabe der Vermittlungsfachkräfte und Berater sollte es daher sein, diese Wissenslücken zu schließen und den Ratsuchenden somit die Wege in das Bildungs- und Erwerbssystem zu erleichtern. Aus diesem Grund werden die Berater gefragt, welche Informationen sie speziell Ratsuchenden mit Migrationshintergrund zukommen lassen, an welche Netzwerkpartner sie verweisen und welche Möglichkeiten sie selbst nutzen, um sich in migrationsspezifischen Fragestellungen zu informieren. Da die Anerkennung ausländischer Qualifikationen auch mit Kosten für die

Antragsteller verbunden ist, sollen sie zudem Stellung nehmen, inwiefern finanzielle Aspekte eine Rolle mit Blick auf das Thema der Anerkennung in der Beratung spielen.

(4) Netzwerkarbeit und Verweisberatung

Da die Problemlagen ratsuchender Migranten oft eine hohe Komplexität aufweisen, ist eine enge Verzahnung unterschiedlicher Netzwerkpartner wünschenswert (vgl. Eimmermacher, 2004, S. 65). Hinsichtlich der Integration in den Arbeitsmarkt kann dies vor allem bei sprachlichen Schwierigkeiten, einer kulturneutralen Potenzialerhebung, der Gestaltung von Bildungsmaßnahmen sowie der Integration in das Bildungs- und Erwerbssystem notwendig sein (vgl. Kohn, 2011, S. 25). Netzwerkpartner können hierbei zum einen spezielle Einrichtungen und Organisationen, zum anderen aber auch das soziale Netz des Beraters oder des Ratsuchenden, wie Familienangehörige, Verwandte oder Freunde sein (vgl. Eimmermacher, 2004, S. 67 f.). Ziel dieses Fragenblocks ist die Erfassung der vorhandenen und genutzten Netzwerkpartner der Berater sowie deren Einblicke in die Arbeitsweisen der Netzwerkpartner. Zusätzlich werden die Berater nach ihren Verbesserungsvorschlägen hinsichtlich der Zusammenarbeit mit anderen Stellen befragt.

(5) Einschätzung über Wünsche der Ratsuchenden

Neben den offensichtlichen Themen der Beratung ist es interessant herauszufinden, wie die Berater über die Wünsche ihrer Ratsuchenden denken. Daher werden sie gebeten, zu überlegen, was sich die Ratsuchenden aus ihrer Sicht von der Beratung und vom Berater erhoffen. Zudem sollen sie erläutern, inwiefern sie diesen Wünschen entgegenkommen können, welche Beschränkungen und Grenzen sie hierbei sehen und ob es innerhalb ihrer Zuständigkeit Handlungsspielräume gibt, die sie nutzen können und auch tatsächlich nutzen.

(6) Soziodemografische Merkmale

Mit dem Ziel der Stichprobenbeschreibung werden die soziodemografischen Merkmale Alter, Geschlecht, Familienstand, ein möglicher eigener Migrationshintergrund sowie der derzeitige Arbeitgeber erfasst. Zudem werden die Berater gebeten, Auskunft bezüglich ihrer Berufsqualifikation und Berufserfahrung zu geben. Neben der derzeitigen Beratungstätigkeit interessiert in diesem Zusammenhang auch, ob bereits früher Erfahrungen im Feld der (migrationsspezifischen) Beratung gesammelt werden konnten. Diese Daten werden in erster Linie zur Beschreibung und Gruppierung der Stichprobe verwendet, können jedoch ebenfalls Aufschluss über Zusammenhänge zwischen bestimmten soziodemografischen Merkmalen und der Beratungskompetenz liefern. Die Erfassung des derzeitigen Arbeitgebers ist notwendig, um die Beratung unterschiedlicher Stellen miteinander vergleichen zu können.

3.4 Interviewleitfaden für Ratsuchende mit Migrationshintergrund

Zusätzlich zur Sichtweise der Beratungsfachkräfte sind die subjektiven Erfahrungen und Wahrnehmungen der Ratsuchenden in der Beratung von großem Interesse. Um diese zu eruieren, konnten 25 Migranten befragt werden. Der Interviewleitfaden für Migranten[7] gliedert sich in die sechs Themenblöcke: (1) Beratungsprozess, (2) Anerkennungsprozess und Informationspolitik, (3) Netzwerkarbeit und Verweisberatung, (4) Aktuelle berufliche Lage, (5) Einschätzungen und Wünsche sowie (6) Soziodemografische Merkmale. Die Operationalisierung dieser Teilbereiche wird in den nachfolgenden Abschnitten dargestellt.

(1) Der Beratungsprozess

Da das Ziel der vorliegenden Studie die Analyse der Beratung von Migranten in Deutschland ist, sind neben der Sicht der Berater auch die Erfahrungen der Ratsuchenden, die sie in ihren Beratungsgesprächen gesammelt haben, zu erfassen. Sie werden daher gebeten, zu beschreiben, wie es ihnen in der Beratung ergangen ist, was ihnen gut gefallen hat und was sie gerne ändern würden. Weiterhin ist es von Relevanz, ob sich die Ratsuchenden verstanden fühlen und ob für sie wichtige Themen berücksichtigt werden, denn laut Mattarei scheinen sich gerade ausländische Mitbürger in der Beratung öffentlicher Einrichtungen nicht wohl zu fühlen. Sie stellt fest, dass „Form und Stil des Umgangs einiger Mitarbeiter und Mitarbeiterinnen öffentlicher Einrichtungen [...] von vielen Ausländern als Vorwürfe, Bedrohungen und Einschüchterungen und Ungerechtigkeit erlebt [werden]. [...] Die Angst, die viele Ausländer in Behörden erleben, wird so leicht erklärbar" (Mattarei, 2002, S. 101).

(2) Anerkennungsprozess und Informationspolitik

Mit Einführung des Gesetzes über die Feststellung der Gleichwertigkeit von Berufsqualifikationen (Berufsqualifikationsfeststellungsgesetz – BQFG) im April 2012 wurde das Recht auf Prüfung der Gleichwertigkeit der im Ausland erworbenen Qualifikationen mit einem deutschen Referenzberuf auf Bundesebene verankert.[8] Um diese Möglichkeit in Anspruch nehmen zu können und hierdurch auch die eigenen Chancen auf eine qualifikationsgerechte Arbeitsmarktintegration zu verbessern, müssen die Migranten über ihre Rechte und Pflichten informiert sein (vgl. auch Kohn, 2011, S. 25). Die Ratsuchenden werden daher gefragt, ob sie sich bereits Gedanken über die Anerkennung ihrer Qualifikationen in Deutschland gemacht und gegebenenfalls einen Antrag auf Anerkennung gestellt haben. Wichtig ist in diesem Zusammenhang zudem, von welchen Stellen sie zum Thema Anerkennung beraten wurden, welche Informationen sie seitens der Agentur für Arbeit bzw. der Beratungsstelle erhalten haben und an welche Stellen sie verwiesen worden sind.

---

[7] Vgl. Fragebogen für Migranten in Anhang A1 (Tab_A2).
[8] Das BQFG umfasst hierbei alle Berufe, die nach dem Berufsbildungsgesetz (BBiG) geregelt sind.

(3) Netzwerkarbeit und Verweisberatung

Als Pendant zur Befragung der Berater, mit welchen Akteuren sie in einem Netzwerk zusammenarbeiten, werden die Ratsuchenden ebenfalls zu diesem Thema befragt. Hierbei interessiert vor allem, an welche Stellen die Ratsuchenden mit welcher Begründung verwiesen werden und ob diese Verweisberatung erfolgreich war. Zu erwarten ist, dass Ratsuchende bei speziellen Fragestellungen an andere Stellen verwiesen werden und dort die notwendigen und zielführenden Informationen erhalten.

(4) Aktuelle berufliche Lage[9]

Die Erhebung der aktuellen beruflichen Lage soll Aufschlüsse über die Verwertung der mitgebrachten ausländischen Qualifikationen und Potenziale liefern. Hierzu werden die Ratsuchenden nach dem Status eines möglichen Anerkennungsverfahrens gefragt, ob sie in ihrem vormals erlernten Beruf in Deutschland Fuß fassen konnten und inwiefern sie mit ihrer derzeitigen Tätigkeit zufrieden sind.

(5) Einschätzungen und Wünsche

Mit der Frage, wie sich die Ratsuchenden eine optimale Beratung vorstellen und welche Wünsche sie an ihre Beratungsfachkraft richten, wird eine Gegenüberstellung zur Einschätzung der Berater, was sich Migranten von ihnen wünschen, möglich. Hierdurch sollen eventuell vorhandene Missverständnisse aufgezeigt und Handlungsempfehlungen abgeleitet werden. Zudem werden die Ratsuchenden explizit nach Verbesserungsmöglichkeiten im Rahmen der Beratung gefragt.

(6) Soziodemografische Merkmale[10]

Analog zur Befragung der Berater werden auch im Rahmen der Befragung der Ratsuchenden die soziodemografischen Merkmale zur Beschreibung der Stichprobe verwendet. Neben Geschlecht, Alter und familiärem Status sind insbesondere auch das Herkunftsland, der Grund der Einwanderung sowie der im Ausland erworbene Bildungs- oder Berufsabschluss von besonderem Interesse. Letzterer gibt Aufschluss über das mitgebrachte Bildungsniveau und die Verwertung des jeweiligen Potenzials auf dem deutschen Arbeitsmarkt.

In den nachfolgenden Ausführungen werden die Themenblöcke 1, 2, 3, und 5 an passender Stelle den Ergebnissen der Beraterbefragung gegenübergestellt.

---

[9] Die Ergebnisse zur aktuellen beruflichen Lage der befragten Migranten sind in Anhang A3 dargestellt.
[10] Die soziodemografischen Merkmale der befragten Migranten sind in Anhang A3 dargestellt.

4 Einblicke in die Praxis der Migrationsberatung

4.1 Beschreibung der Stichprobe der Berater

Geschlecht und beruflicher Hintergrund

Insgesamt wurden 72 Berater zu Ihren Erfahrungen in der Beratung mit Migranten interviewt. Der Frauenanteil überwiegt hierbei mit 59,7% deutlich den der Männer (37,5%).[11] Von den 72 Befragten sind 35 (48,6%) bei der Agentur für Arbeit, 23 (31,9%) beim Jobcenter und 14 (19,4%) bei externen Arbeitgebern wie Wohlfahrtsverbänden oder Bildungsträgern beschäftigt.[12] Die Betriebszugehörigkeit liegt – über alle Berater betrachtet – bei durchschnittlich 9,87 Jahren (Median: 7; Modalwert: 8). Die Spanne reicht hierbei von einer Betriebszugehörigkeitsdauer von sechs Monaten bis zu 31 Jahren. Vergleicht man die Betriebszugehörigkeitsdauern nach Geschlecht, so kann anhand der deskriptiven Lageparameter festgestellt werden, dass Frauen im Schnitt zwei Jahre länger beim Arbeitgeber verweilen (Mittelwert: 10,56; Median: 8) als ihre männlichen Kollegen (Mittelwert: 8,78; Median: 6). Kaum Unterschiede weist hingegen die nach Arbeitgebern getrennte Betriebszugehörigkeitsdauer auf: der Median der Betriebszugehörigkeit bei der Agentur für Arbeit liegt bei sieben Jahren, bei den Jobcentern bei acht Jahren und bei den externen Arbeitgebern bei 7,5 Jahren.

Mit Blick auf die beruflichen Qualifikationen der Berater kann festgestellt werden, dass die Hälfte eine Berufsausbildung und 62,5% ein Studium absolviert haben. Elf Berater (15,3%) können sowohl eine Ausbildung als auch ein Studium vorweisen. Die Berufsausbildungen und Studiengänge werden im Folgenden dahingehend unterschieden, ob sie eher als berufsnah oder berufsfern (sogenannte Quereinsteiger) mit Blick auf die jetzige Beratertätigkeit erachtet werden können. Bei der Zuordnung der angegebenen Ausbildungsberufe zu dieser Kategorisierung ist zu beachten, dass vier Berater je zwei Ausbildungsberufe angegeben haben. Handelt es sich bei mindestens einem der Ausbildungsberufe um eine berufsnahe Ausbildung zur Beratertätigkeit, so wird die erworbene Qualifikation als berufsnah angesehen. Das gleiche Prozedere wird sowohl für Berater angewandt, die mehr als einen Studiengang angegeben haben (N=4) als auch für Berater, die eine Ausbildung und ein Studium durchlaufen haben (N=11).[13] Weiterhin ist zu beachten, dass nicht zuordenbare oder nicht angegebene Berufsbezeichnungen/Studiengänge von der Bewertung ausgeschlossen werden. Es handelt sich hierbei um fünf Fälle (6,9%).

Bei der Mehrheit der hier befragten Berater handelt es sich um Quereinsteiger. Insgesamt 40 Berater (55,6%) haben eine Berufsausbildung oder einen Studiengang angegeben, der nicht direkt mit einer Beratertätigkeit in Verbindung gesetzt werden kann. Hierbei handelt es sich beispielsweise um Ausbildungsgänge zum Arzthelfer, Hotel- oder Industriekaufmann sowie

---

[11] In insgesamt zwei Fällen können keine Angaben zu den soziodemografischen Merkmalen erfolgen, da in diesen Fällen bei den Interviews mehr als ein Berater anwesend war.

[12] Um eine Vergleichbarkeit der Ergebnisse zu erzielen, werden im Folgenden die Arbeitgeber „BA" und „Extern" unterschieden. Unter den Arbeitgeber „BA" werden die Berater aus Agenturen und Jobcentern subsummiert, unter den „externen" Arbeitgebern alle weiteren befragten Berater.

[13] Für die Zuordnung der einzelnen Ausbildungsberufe und Studiengänge vgl. Tab_A3 und Tab_A4 in Anhang A2.

© Springer Fachmedien Wiesbaden GmbH, ein Teil von Springer Nature 2014
E. M. Brüning und T. Ayan, *Beratung von Migrantinnen und Migranten: Herausforderungen, Unterstützungsbedarfe, kulturelle Begegnungen*, Edition KWV, https://doi.org/10.1007/978-3-658-24674-7_4

zum Verwaltungsfachangestellten. Unter den berufsfernen Studiengängen sind vor allem Wirtschaftswissenschaften, Lehramt, Verwaltungswissenschaften sowie Sozialwissenschaften und Soziologie zu nennen. Eine berufsnahe Qualifikation haben 27 Berater (37,5%) durchlaufen. Dazu zählen die von der Agentur für Arbeit angebotene Ausbildung zum Fachangestellten für Arbeitsförderung (jetzt: Fachangestellter für Arbeitsmarktdienstleistungen), Berufspädagogen sowie im weiteren Sinne auch Sozialversicherungsfachangestellte. Zu den berufsnahen Studiengängen gehören Beratungswissenschaften, Soziale Arbeit, Sozialpädagogik sowie die Studienangebote an der Hochschule der Bundesagentur für Arbeit (früher: Fachhochschule des Bundes für öffentliche Verwaltung). Mit Blick auf das Geschlecht lässt sich zeigen, dass es unter den männlichen Beratern deutlich mehr mit einer fachfremden Qualifikation gibt als unter ihren weiblichen Kolleginnen. Von allen Männern in der Stichprobe (N=27), können 19 (70,4%) als Quereinsteiger identifiziert werden, wohingegen es unter den Frauen (N=43) nur knapp 49% sind (N=21).

Da ein Quereinstieg – bewertet auf Basis der Qualifikation der Berater – nichts darüber aussagt, ob bereits vor der jetzigen Beratungstätigkeit Erfahrungen in diesem Feld vorhanden waren, wurden die Berater gefragt, ob sie in einer früheren Tätigkeit bereits Erfahrungen im Bereich der Beratung oder mit migrationsspezifischen Fragestellungen gesammelt haben. Von allen Quereinsteigern (N=40) gaben nur 30% an (N=12), bereits Berufserfahrung in diesen Feldern erlangt zu haben. Die restlichen 70% (N=28) sind reine Quereinsteiger ohne einen Beratungshintergrund. Bezogen auf die gesamte Stichprobe sind dies knapp 40% der Berater.

Eigener Migrationshintergrund und Sprachkenntnisse der Berater

Um eventuell vorhandene Effekte der Herkunft der Berater nicht auszuschließen, wurden diese auch zu ihrem eigenen Migrationshintergrund befragt. Insgesamt haben 18 Berater einen Migrationshintergrund, was einem Anteil von 25% entspricht. 52 Berater geben an, keinen eigenen Migrationshintergrund zu besitzen (72,2%). Setzt man die eigene Migrationsgeschichte in Bezug zum Geschlecht der Berater, lassen sich zwischen Männern und Frauen keine nennenswerten Unterschiede erkennen. Neben der eigenen Migrationshistorie kann es im Kontext der Beratung von Migranten hilfreich sein, eine gewisse Fremdsprachenkompetenz mitzubringen, um auftretenden Sprachschwierigkeiten oder Hemmnissen seitens der Ratsuchenden zu begegnen. Die Einschätzung der Berater zeigt, dass lediglich eine Person keine Fremdsprache spricht. Über 87% der Berater geben an, neben Deutsch auch Englisch zu sprechen, Französisch wird von insgesamt 37,5% und Spanisch sowie Russisch von über 10% der Berater gesprochen. Für einen Überblick über die Fremdsprachenkenntnisse der Berater vgl. Tabelle 1.

Tabelle 1: Fremdsprachenkenntnisse der Berater.

Fremdsprache	Anzahl (%)
Englisch	63 (87,5%)
Französisch	27 (37,5%)
Spanisch	9 (12,5%)
Russisch	8 (11,1%)
Türkisch	5 (6,9%)
Italienisch	5 (6,9%)
Polnisch	4 (5,6%)
Kroatisch	2 (2,8%)
Tschechisch	2 (2,8%)
Finnisch	1 (1,4%)
Chinesisch	1 (1,4%)
Slawisch	1 (1,4%)
Dari	1 (1,4%)
Japanisch	1 (1,4%)
Nur Deutsch	1 (1,4%)
Gesamt	**72 (100%)**

Anzumerken ist, dass es sich bei dieser Angabe um eine subjektive Einschätzung der Berater handelt und nicht geprüft wurde, welches Sprachniveau je Sprache tatsächlich vorhanden ist. Der Vergleich der Fremdsprachenkenntnisse der Berater mit und ohne Migrationshintergrund lässt keine Unterschiede erkennen.

Altersstruktur

Die Analyse der Altersstruktur zeigt einen deutlichen Schwerpunkt bei der Gruppe der 41 bis 50-Jährigen, in der sich über 40% der Berater befinden. Auch der Anteil an Beratern, die 50 Jahre und älter sind, liegt mit einem Viertel sehr hoch. Sehr dünn besetzt sind hingegen die Altersklassen der 20 bis 30-Jährigen (12,5%) sowie der 31 bis 40-Jährigen (19,4%). Ein Altersvergleich nach dem Geschlecht lässt keine nennenswerten Unterschiede erkennen. Anders sieht es bei der Verteilung der Altersklassen unter Berücksichtigung des Migrationshintergrunds der Berater aus. Die Vermutung, dass der Anteil älterer Berater mit Migrationshintergrund geringer ist als der Anteil älterer Berater ohne Migrationshintergrund, kann bestätigt werden (vgl. Abbildung 1). 16,7% der Berater mit Migrationshintergrund sind zwischen 20 und 30 Jahre alt und unter den 31 bis 40- Jährigen haben fünf Personen einen Migrationshintergrund (27,8%). Für diese beiden „jüngeren" Altersgruppen kann somit festgestellt werden, dass sich hierin 44,5% aller Berater mit Migrationshintergrund, aber nur 28,8% aller Berater ohne Migrationshintergrund befinden. Tendenziell handelt es sich somit bei Beratern mit Migrationshintergrund um jüngere Mitarbeiter. Betrachtet man die Alterskategorie der 41 bis 50-Jährigen, so sind die Anteile fast ausgeglichen. Diese – die stärkste in der Stichprobe – enthält 40,4% aller Berater ohne und 44,4 % aller Berater mit Migrationshintergrund. Am deutlichsten ist der Unterschied in der Altersklasse der über 50-Jährigen, in der sich nur 11% der Berater mit Migrationshintergrund, aber 25% der Berater ohne Migrationshintergrund befinden.

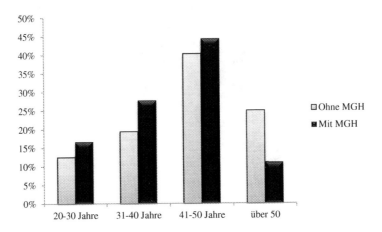

Abbildung 1: Altersverteilung in Abhängigkeit des Migrationshintergrunds der Berater.

Das Beratungssetting

Da es in der vorliegenden Studie in erster Linie um die Beratung von Migranten geht, wurden die Berater gefragt, wie hoch sie den Anteil an Ratsuchenden mit Migrationshintergrund in ihren Beratungsgesprächen einschätzen. Die Spanne reicht hierbei von 5% bis 100%. Im Mittel geben die Berater einen Anteil von 52,6% an. Betrachtet man den genannten Anteil an Migranten unter den Ratsuchenden getrennt nach Arbeitgebern der Berater, so fällt auf, dass der Mittelwert bei externen Arbeitgebern mit 84,09% deutlich über dem Anteil beim Jobcenter (62,17%) und der Agentur für Arbeit (36,31%) liegt. Für den Arbeitgeber BA (insgesamt) liegt der Anteil an Ratsuchenden mit Migrationshintergrund bei 46,6%.[14]

Zusätzlich zum Anteil an Migranten in den Beratungsgesprächen, wurden die Berater nach der Herkunft sowie der beruflichen Tätigkeitsfelder ihrer Ratsuchenden gefragt. Als häufigste Herkunftsländer werden die Türkei (N=63) und Russland (N=42) genannt. Insgesamt haben die Berater 30 unterschiedliche Herkunftsländer genannt, die nachfolgend aggregiert nach Regionen betrachtet werden.[15] Aus Abbildung 2 geht hervor, dass die drei häufigsten Herkunftsregionen die Türkei, die EU sowie die ehemalige Sowjetunion darstellen. Innerhalb der EU werden von den Beratern am häufigsten die Herkunftsländer Polen (N=22), Griechenland (N=19) und Italien (N=13) genannt. In der ehemaligen Sowjetunion vor allem Russland (N=42).[16]

---

[14] Dieses Ergebnis ist nicht verwunderlich, da als externe Institutionen auch Migrationsberatungsstellen angefragt wurden.

[15] Einen Überblick über die Aggregation der Herkunftsländer zu Regionen liefert Tabelle Tab_A5 in Anhang A2.

[16] Die Verteilung der genannten EU-Länder ist in Anhang A2 in Abb_A1, die der ehemaligen Sowjetunion in Abb_A2 dargestellt.

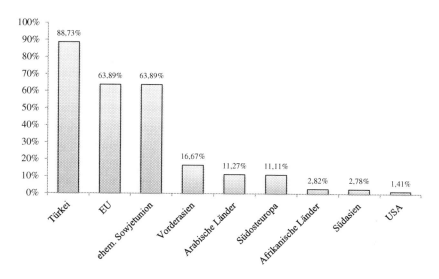

Abbildung 2: Herkunftsregionen der Ratsuchenden.

In welchen Branchen die ratsuchenden Migranten laut Aussage der Beratungsfachkräfte beschäftigt sind, ist in Tabelle 2 zusammenfassend dargestellt. Die Angaben der Berater zu den Tätigkeitsfeldern wurden hierbei nach der Klassifizierung der Wirtschaftszweige des Statistischen Bundesamtes aggregiert (vgl. Statistisches Bundesamt, 2008).[17] Knapp die Hälfte der Berater hat Ratsuchende aus dem verarbeitenden Gewerbe (hierunter fallen u. a. die Nennungen Textilgewerbe, Metall und Produktion/Fließband), 30,6% nennen sonstige Dienstleistungen wie Reinigung oder Frisör als Tätigkeitsbereiche und ein Viertel Verkehr und Lagerei.

Innerhalb ihrer Betätigungsfelder scheinen die Migranten – so die Ergebnisse der Interviews mit Beratungsfachkräften – vor allem in ungelernten und Helfertätigkeiten zu arbeiten. Über 60% der Berater nannten diese Art der Beschäftigung als die vorrangige (ein Drittel traf zur Art der Anstellung keine Aussage). Die ratsuchenden Migranten sind indes nicht unqualifiziert, sondern arbeiten unterhalb ihrer eigentlichen Qualifikationen.[18] So gibt ein Berater zu bedenken: *„Vom Gefühl her sind die meisten Migranten im sozialen Bereich tätig (Lehrerberufe, Erzieherberufe...). Die Abschlüsse sind aber in Deutschland nicht anerkannt. Solange dies nicht geschehen ist, sind diese Menschen in Helferberufen tätig. Hier dann hauptsächlich in der Reinigung, in der Küche oder in der Produktion"* (Interview Nr.15). Eine weitere Beraterin sagt hierzu: *„Häufig kommen welche, die eine Ausbildung gemacht haben, die sie hier nicht verwerten können und die dadurch im Helferbereich landen, gewerblich oder im Service, wo man nicht viele Voraussetzungen braucht"* (Interview Nr.53). Zudem spricht eine Beraterin von einer strukturellen Diskriminierung am Arbeitsmarkt, die

---

[17] Da die beiden Bereiche „Bürobereich" und „Zeitarbeit" nicht zuordenbar sind, werden sie gesondert ausgegeben.
[18] Vgl. hierzu auch die Ergebnisse von Müller & Ayan (2013) sowie Mihali, Müller & Ayan (2012).

es Migranten erschwert, sich zu integrieren, obwohl – ihrer Einschätzung nach – rund 60%
bereits Berufserfahrungen im Heimatland gesammelt haben (vgl. Interview Nr.17).

Tabelle 2: Beschäftigungsbereiche der Ratsuchenden.

Branche	Anzahl (%)
Verarbeitendes Gewerbe	35 (48,6%)
Sonstige Dienstleistungen	22 (30,6%)
Verkehr & Lagerei	18 (25,0%)
Gastgewerbe	13 (18,1%)
Bau	8 (11,1%)
Gesundheit & Soziales	8 (11,1%)
Bürobereich	3 (4,2%)
Handel	2 (2,8%)
Zeitarbeit	2 (2,8%)
Landwirtschaft	1 (1,4%)
IT	1 (1,4%)
Erziehung	1 (1,4%)
Anzahl befragter Berater	**72 (100%)**

4.2 Besonderheiten und Herausforderungen der migrationsspezifischen Beratung

4.2.1 Rahmenbedingungen der Beratung

Für ein Viertel der Befragten stellen die Rahmenbedingungen eine Besonderheit bzw. Herausforderung in der migrationsspezifischen Beratung dar. Zwölf von ihnen nehmen die Dauer der Beratung als Besonderheit wahr, da sie mehr Zeit in den Beratungsgesprächen benötigen und auch mehr Geduld aufbringen müssen als in Gesprächen mit deutschen Ratsuchenden. Zudem bedingen die inhaltlichen Fragestellungen zur Qualifikationsanerkennung oder zum Aufenthaltsrecht eine umfangreichere Vor- und Nachbereitung der Beratungsgespräche und somit einen zeitlichen und organisatorischen Mehraufwand. Eine Herausforderung sehen sie in der Erfassung der vollständigen Identität der Ratsuchenden (N=7). Diese seien nicht immer in der Lage zu erklären, welchen beruflichen Tätigkeiten sie in der Heimat nachgegangen sind oder es fehlen relevante Unterlagen und somit ein formaler Nachweis über die vorhandenen Qualifikationen. Um die Ratsuchenden optimal unterstützen zu können, ist die vollständige Erfassung der Identität und des Lebenslaufs jedoch eine wichtige Voraussetzung.

Zudem können vor allem Beratungen im Zwangskontext, in denen auch Sanktionen zu befürchten sind, Hindernisse für Migranten darstellen und Unsicherheiten – auch mit Blick auf die Einforderung der eigenen Rechte – hervorrufen (vgl. Mattarei 2002, S. 101). Von den befragten Migranten sprechen drei offen ihre Ängste und Bedenken vor der Beratung an.

4.2.2 Interaktionale Ebene

Insgesamt 23 Berater (31,9%) geben an, dass sich der *Aufbau der Arbeitsbeziehung* zwischen Ratsuchenden mit Migrationshintergrund und deutschen Kunden voneinander unterscheidet. Die Antworten dieser Berater weisen darauf hin, dass es ihnen tendenziell schwerer fällt, mit Migranten eine angenehme Arbeitsbeziehung aufzubauen. So geben sieben Berater an, dass sie den Aufbau der Arbeitsbeziehung mit Migranten als schwieriger empfinden und zunächst das „Eis gebrochen", bzw. ein *Vertrauensverhältnis* aufgebaut werden muss. Um ein solches herstellen zu können, ist eine Transparenz über die Abläufe im Beratungsgespräch sehr wichtig (N=2), aber auch der behutsame Umgang mit den Ratsuchenden und die Rücksichtnahme auf ihre Empfindungen (N=6). Die Beratungsfachkräfte erläutern, dass sie zum Teil aktiv erklären müssen, dass sie den Ratsuchenden helfen möchten, um ein Grundvertrauen aufzubauen (vgl. Interviews Nr.48 & Nr.49). Laut Mattarei (2002, S. 101) können sich auch *Ängste und Vorbehalte* der Ratsuchenden auf die Beratungssituation auswirken. Aus Sicht der befragten Berater sind es vor allem persönliche Hemmnisse wie Scham, Unsicherheit, Misstrauen oder Zurückhaltung, die im Verhalten der Migranten spürbar sind. Diese werden von insgesamt 28 Beratern angesprochen (38,9%). Die vorhandenen Unsicherheiten der Kunden oder gar eine ablehnende Haltung erklären sich einige der Berater externer Einrichtungen mit bisher erlebten (negativen) Erfahrungen: *„Ja, teilweise merke ich schon, dass zu Beginn der Beratung Vorbehalte bestehen. Eine ablehnende Haltung merke ich teilweise auch bei deutschen Kunden. Ich denke aber, dass dies auch mit den Behörden zusammenhängen kann. Die dort durchgeführten Beratungen prägen das Bild der Ratsuchenden, sodass zu Beginn eine Gesprächsbasis aufgebaut werden muss, um den Ratsuchenden optimal weiterhelfen zu können"* (Interview Nr.41; vgl. auch Nr.31, & Nr.39). Eine weitere Beraterin nennt als möglichen Grund vorhandenen Misstrauens Erfahrungen mit den Jobcenter: *„Auch die Erfahrungen, die im Jobcenter gemacht wurden, sind nicht immer positiv, sodass sie schon mit einem unguten Gefühl in die nächste Beratungsstelle gehen"* (Interview Nr.34, vgl. auch Nr.32 & Nr.35). Die Aussagen einiger Berater der BA bestärken zudem die geäußerte Skepsis gegenüber der Beratung in Regelinstitutionen. Eine der befragten Agenturberaterinnen berichtet, dass ihre Kunden mit Migrationshintergrund im Hinblick auf ihre Ausbildung nicht immer die Wahrheit sagen. Zudem hat sie *„die Erfahrung gemacht, dass speziell zum Beispiel türkische Kunden sehr oft sehr unzuverlässig sind und dann irgendetwas daher lügen, warum sie nicht kommen konnten"* (Interview Nr.26). Ein solches (generelles) Misstrauen gegenüber Migranten oder bestimmten ethnischen Gruppen ist sicherlich nicht förderlich für den Aufbau einer vertrauensvollen Beziehung.

Wichtig für eine vertrauensvolle Arbeitsbeziehung ist eine *„warme Atmosphäre, sodass sich die Ratsuchenden wohlfühlen"* (Interview Nr.31). Eine Möglichkeit, eine förderliche Gesprächsatmosphäre aufzubauen, beschreibt eine Beraterin einer externen Einrichtung wie folgt: *„Zur weiteren Förderung der Atmosphäre führe ich keine Gespräche am Schreibtisch durch. Ich wechsle immer an einen separaten Tisch, um keine unnötigen Barrieren aufzu-*

bauen. Ebenfalls lasse ich die Ratsuchenden immer ausreden und falle ihnen nicht ins Wort. Es ist wichtig, dass der Lösungsweg, der zusammen erstellt wird, nachvollziehbar ist. Er wird ja schließlich für die Klienten und nicht für mich erstellt" (Interview Nr.32).

Neben der Schwierigkeit, ein Vertrauensverhältnis und eine „angenehme Arbeitsatmosphäre" herzustellen, sehen vier Berater ein weiteres Problem darin, die Ratsuchenden „*zum Sprechen [zu] animieren"*, was aus ihrer Perspektive ebenfalls den Aufbau einer guten Arbeitsatmosphäre erschwert. Für zwei Berater bestehen in den Beratungsgesprächen weitere Störfaktoren, wie beispielsweise das Vorhandensein von Dolmetschern, die bei deutschen Ratsuchenden entfallen. Lediglich drei Berater empfinden die Beratung von Migranten als „einfacher". Zwei von ihnen gehen hierbei auf die Gespräche, einer auf den Aufbau der Arbeitsbeziehung ein.

Im *Vergleich zu deutschen Ratsuchenden* haben insgesamt zwölf Berater (16,7%) Unterschiede im Verhalten der Ratsuchenden mit Migrationshintergrund festgestellt. Obgleich oben genannte Faktoren den Aufbau einer vertrauensvollen Zusammenarbeit erschweren können, deuten die Antworten darauf hin, dass sie von diesen Beratern als die „angenehmere" Kundengruppe angesehen werden, denn sieben von ihnen nehmen die Migranten als „offener", „zuverlässiger", „dankbarer" oder „freundlicher" als deutsche Ratsuchende wahr. Zwei Berater erachten sie sogar als motivierter. Im Vergleich zu deutschen Ratsuchenden sehen sechs Berater allerdings auch hemmende Eigenschaften, die den Aufbau der Arbeitsbeziehung und eine Beratung auf Augenhöhe erschweren können. Ihrer Ansicht nach sind Migranten konfliktscheuer, anspruchsloser und weniger zielorientiert.

Aus *Sicht der Migranten* scheint der Aufbau der Arbeitsbeziehung in den meisten Fällen zu gelingen – 84% von ihnen geben an, dass sie sich in der Beratung wohlfühlen. Hierunter befinden sich einige Ratsuchende, die im Vorfeld bereits negative Erfahrungen mit einer früheren Vermittlungsfachkraft gesammelt haben, mit ihrer derzeitigen aber zufrieden sind (vgl. Interviews Nr.2, Nr.4, Nr.6, Nr.10 & Nr.12). Vier Befragte haben sich nach eigenen Angaben in der Beratungssituation nicht wohlgefühlt. Dieses Unwohlsein äußert sich in unterschiedlicher Weise. In diesem Zusammenhang erzählt eine Dame, dass sie zur Beratung „*nie gerne hingehe"*, da sie das Gefühl hat, „*als hätte man etwas angestellt und als müsste man um etwas betteln"* (Interview Nr.13). Eine weitere Ratsuchende fühlt sich „*als Mensch zweiter Klasse"* (Interview Nr.14).

Positiv hervorzuheben ist, dass die meisten der befragten Ratsuchenden ihren Berater oder ihre Beraterin als freundlich, geduldig und verständnisvoll, also empathisch beschreiben (N=14; 56%). Jedoch hat auch knapp ein Viertel andere Erfahrungen gemacht und gibt an, die Beratungsfachkraft sei unfreundlich gewesen, habe nicht zugehört, sich nicht für die Anliegen des Ratsuchenden interessiert oder diesen sogar unter Druck gesetzt. So berichtet eine Ratsuchende, die sich bei ihrer ersten (nicht aktuellen) Vermittlerin unwohl fühlte: „*[...] weil ich Ausländerin bin oder auch weil die Frau schlechte Laune hatte oder keine Lust zu arbeiten...die hat mich ziemlich herablassend behandelt und auch so mit mir und meinem Mann gesprochen. Wir hatten beide das Gefühl, dass die Vermittlerin gar nicht mit uns sprechen wollte und uns so schnell wie möglich loswerden wollte. Die wollte auch gar nicht helfen"* (Interview Nr.10). Insgesamt sechs der befragten Migranten erwähnen explizite Verbesserungspotenziale hinsichtlich des Verhaltens der Berater gegenüber ihren Kunden. Die Berater sollten ihrer Meinung nach freundlicher sein, die Ratsuchenden nicht unter Druck setzen, die Lage ehrlich und aufrichtig schildern und auch mit mehr Flexibilität auf individuelle Problemlagen eingehen. Ein Ratsuchender wünscht sich, *„dass die Mitarbeiter mehr auf die Wünsche der Kunden eingehen und nicht immer nur nach den Richtlinien ent-scheiden"* (Interview Nr.25).

4.2.3 Sprachliche Aspekte

Sprachliche Aspekte als Herausforderungen in der Beratung

Von allen 72 befragten Beratern haben sich 66 (91,7%) zu sprachlichen Aspekten in der Beratung mit Migranten geäußert. Vor allem die Überwindung von Sprachbarrieren (N=31), das Anbieten von Deutschkursen (N=5) und die Hinweise auf Integrationskurse sowie die Verpflichtung zu deren Teilnahme (N=2) (vgl. auch § 44a AufenthG), werden als Beson-derheiten in der migrationsspezifischen Beratung wahrgenommen.

Bei sehr großen sprachlichen Problemen muss davon ausgegangen werden, dass die über-mittelten Informationen für Migranten teilweise unverständlich und folglich auch unvoll-ständig sind (vgl. Mattarei, 2002, S. 100). Aus diesem Grund ist es notwendig, dass sich die Berater auf das Sprachniveau ihrer Ratsuchenden einlassen und ihren Kommunikationsstil entsprechend anpassen. Ein Viertel der Befragten hat diesen Aspekt als Unterschied in der Beratung zu deutschen Kunden wahrgenommen. Sie reagieren darauf, indem sie eine einfa-chere Wortwahl treffen (N=13), das Sprachtempo drosseln (N=7) oder Dialekte vermeiden und Hochdeutsch sprechen (N=3). Ein Berater begrüßt seine Ratsuchenden – soweit mög-lich – in deren Muttersprache, was sprachliche Hemmnisse vermindern und sich positiv auf den Aufbau der Arbeitsbeziehung auswirken kann. Laut den Aussagen von acht Beratern können vorhandene Sprachunsicherheiten zu Hemmnissen seitens der Migranten im Bera-tungsgespräch führen. Diese können zudem verstärkt werden, wenn Berater mangelnde Deutschkenntnisse mit dem Intellekt der Person gleichsetzen und sich entsprechend verhal-ten: *„Wenn ich jemanden habe, der einfach kaum Deutsch spricht, mit dem kann ich einfach nicht so eine Unterhaltung führen, wie mit jemandem, der einfach vom Intellekt oder vom Sprachlichen her da ein bisschen versierter ist"* (Interview Nr.57).

Interessant ist, dass die sprachlichen Aspekte bei den Ratsuchenden selbst eine eher unter-geordnete Rolle im Beratungsgespräch spielen. Während sich drei befragte Ratsuchende positiv über die Kommunikation mit ihrer Beratungsfachkraft äußern, da diese deutlich, langsam und hochdeutsch gesprochen hat, bemängeln ebenso viele, dass ihr Berater Dialekt spricht.

Sprachschwierigkeiten als Hemmnisse einer gelingenden Arbeitsmarktintegration

Sprachkenntnisse werden jedoch nicht nur als Herausforderung in der Beratung wahrgenommen, sondern spielen aus Sicht der Berater auch für die Integration in den Arbeitsmarkt eine entscheidende Rolle. Über 70% der Befragten nennen mangelnde Deutschkenntnisse als Hindernis für die Aufnahme einer Tätigkeit. Auch Anpassungslehrgänge oder Eignungsprüfungen zur Erlangung einer vollständigen Anerkennung der im Ausland erworbenen Qualifikationen können – unabhängig von der fachlichen Expertise – mit mangelnden Sprachkenntnissen nicht bewältigt werden (vgl. Interview Nr.25). Problematisch ist aus Sicht einer Beraterin zudem, dass die eigenen Sprachkenntnisse falsch eingeschätzt werden und nicht dem notwendigen Niveau für den angestrebten Beruf entsprechen. Kommt in solchen Fällen eine Teilnahme an einer Fördermaßnahme nicht zustande, *„verzögert sich [die Integration] und die Leute verschwinden wieder in ihren Nischen, wo sie unter sich sind, bzw. wo sie ihre Muttersprache sprechen können"* (Interview Nr.42). Im Kontext der Arbeitsvermittlung werden die mangelnden Sprachkenntnisse als Herausforderung angesehen, da *„unser oberstes Gebot [...] eben die schnelle Arbeitsvermittlung bzw. die schnelle Integration [ist] [...]. Das wir zwar sagen: „Sie sollten dringend Deutsch lernen, aber nebenher". Nicht hauptberuflich und nicht tagsüber, sondern nebenher abends, mit Nachbarn lernen oder an der Volkshochschule. [...] Also wir können diesen Leuten nicht ein halbes Jahr zugestehen, weil sie zum Teil schon 10 Jahre oder 15 Jahre hier sind und es in der Zeit nicht hinbekommen haben. Und das ist dann nicht unsere Aufgabe, denen [...] Zeit zu geben und [...] finanziell zu unterstützen"* (Interview Nr.26). Die Beherrschung der deutschen Sprache als Herausforderung der Arbeitsmarktintegration wird auch von einem weiteren Befragten der BA erwähnt. Bei gleichbleibend niedrigem Sprachniveau der Ratsuchenden – trotz Sprachkurse – scheint für ihn eine Integration in Arbeit bei deutschen Arbeitgebern nahezu ausgeschlossen: *„[Man] muss [...] bei der Stellenvergabe vermehrt darauf achten, dass der Arbeitgeber ebenfalls den gleichen Migrationshintergrund hat, damit die Probleme mit der Sprache nicht so schwer ins Gewicht fallen. Meist klappt nämlich die Integration bei anderen Arbeitgebern nicht"* (Interview Nr.36).

4.2.4 Wissensnachteile und Unterstützungsbedarfe

Wissensdefizite als Herausforderungen in der Beratung

In ihren Beratungsgesprächen mit Migranten werden die Berater auch mit Wissensnachteilen und einem erhöhten Unterstützungsbedarf ihrer Ratsuchenden konfrontiert (vgl. auch Kohn, 2011). Dies bestätigen insgesamt 26 der 72 befragten Berater (36,1%). Wissensnachteile herrschen vor allem im Zusammenhang mit dem deutschen Schulsystem, den behördlichen Abläufen und den Kenntnissen über die eigenen Rechte und Pflichten. Zehn Berater geben an, dass sie einen erhöhten Erklärungsbedarf in der Beratung mit Migranten feststellen. Es müsse beispielsweise erläutert werden, warum zunächst die deutsche Sprache zu erlernen ist, ehe eine Qualifizierung durchgeführt werden kann (vgl. Interviews Nr.31 &

Nr.51). Eine weitere Beraterin erzählt, dass auch Erwartungen hinsichtlich der Anerkennung gedämpft werden müssen, da es eine „automatische Anerkennung" nicht gibt. Ratsuchende reagierten hierauf sehr unterschiedlich und nehmen dies teilweise auch als Hürde wahr, die sie dem Berater zuschreiben (vgl. Interview Nr.48).

Aus Sicht von neun Beratern können die Wissensdefizite der Ratsuchenden zudem eine erfolgreiche Integration in den Arbeitsmarkt verhindern. So stellt eine Beraterin einer externen Einrichtung fest: „*Ebenfalls wissen viele Klienten gar nicht, welche Hilfen ihnen zur Verfügung stehen. Viele Klienten wollen unbedingt arbeiten, um ihre Familien zu ernähren, können sich aber beispielsweise kein Fahrticket leisten. Dass diese Kosten übernommen werden können, ist oftmals nicht bekannt. So scheitert die Arbeitsaufnahme oftmals an Kleinigkeiten, denen schon vorab entgegengewirkt werden kann*" (Interview Nr.34). Ein Vergleich der Arbeitgeber zeigt, dass die vorhandenen Wissensdefizite eher von externen Beratern (Rang 3) als von BA-Berater (Rang 5) als Hindernisse für eine erfolgreiche Integration in den Arbeitsmarkt angesehen werden.[19]

Aus den genannten Wissensnachteilen ergeben sich auch die von den Beratern (N=9) identifizierten erhöhten Unterstützungsbedarfe. Vor allem beim Erstellen von Bewerbungsunterlagen und bei Behördengängen greifen die Berater ihren Ratsuchenden unter die Arme. Um Weiterbildungsmöglichkeiten auszuloten, begleitet eine Befragte der Arbeitsagentur ihre Ratsuchenden auch ins Berufsinformationszentrum (BIZ) und erklärt ihnen, wie sie nach geeigneten Angeboten suchen können.

Ein Vergleich nach Arbeitgeber zeigt mit Blick auf die Relevanz des Themas „Wissensnachteile" Unterschiede auf: während knapp ein Drittel der BA-Berater (N=18) dieses Thema im Interview nennt (Rang 6 der herausfordernden Faktoren), sind es bei externen Einrichtungen über die Hälfte der Befragten (N=8; 57%) (Rang 2 der herausfordernden Faktoren).[20] Auf welche Faktoren sich diese unterschiedliche Wahrnehmung der Zielgruppe zurückführen lassen, kann mit der vorliegenden Studie jedoch nicht geklärt werden.

Spezielle Kenntnisse der Berater gefordert

Die Beratung von Migranten bedeutet für die Berater nicht nur, sich auf andere Kulturen und Gepflogenheiten einzustellen, sondern auch, sich ein spezifisches Wissen anzueignen, um den Anforderungen dieser Kundengruppe gerecht zu werden. Insgesamt fünf Berater haben das Wissen zur Anerkennung und rechtliche Fragestellungen als Herausforderung in der migrationsspezifischen Beratung genannt. Sie sind ausschließlich in externen Beratungseinrichtungen beschäftigt und geben an, als Berater über ein breites Wissen verfügen zu müssen. Zudem sollten sie in der Lage sein, abzuschätzen, ob ein Antrag auf Qualifikationsanerkennung erfolgversprechend ist und welche alternativen Wege eingeschlagen werden können.

---

[19] Vgl. Tabelle Tab_A13 in Anhang A6.
[20] Vgl. Tabelle Tab_A13 in Anhang A6.

Positiv über die fachliche Kompetenz ihrer Berater haben sich zehn Migranten geäußert, vier regen hingegen eine Erhöhung der Kompetenzen an. Immerhin fünf der befragten Ratsuchenden (20%) erwähnen explizit, dass sie von ihrer Beratungsfachkraft Unterstützung erfahren haben. Positiv wird hierbei bewertet, wenn Berater die aktuelle Sachlage ehrlich schildern, auf die Probleme ihrer Ratsuchenden eingehen, sich für das Gespräch Zeit nehmen und sich für den Klienten einsetzen. 60% der Befragten erachten zudem die Informationen und Tipps, die sie von ihren Beratern erhalten, als hilfreich. Genannt werden neben allgemeinen Informationen (N=10) auch Hinweise zur Qualifikationsanerkennung (N=9) und zu Weiterbildungsangeboten bzw. Umschulungsmaßnahmen (N=5). Zu den Vermittlungsbemühungen an sich äußerten sich lediglich vier Migranten. Zwei von ihnen empfanden es positiv, seitens der Agentur mögliche Stellen vorgeschlagen zu bekommen, zwei weitere würden sich diesbezüglich von den Vermittlungsfachkräften mehr Unterstützung wünschen. Insgesamt mehr Unterstützung wünschen sich lediglich vier der befragten Migranten, worunter nur eine Person explizit eine finanzielle Unterstützung in Form der Übernahme von Weiterbildungskosten anregt.

4.2.5 Kulturelle und religiöse Aspekte

Die Herausforderung der kulturellen Begegnung in der Beratung

Die Hälfte der befragten Berater sieht in kulturellen und religiösen Unterschieden eine Besonderheit oder Herausforderung der migrationsspezifischen Beratung. Vor allem für Vermittlungsfachkräfte der Arbeitsagenturen und Jobcenter scheint dies eine große Rolle zu spielen. Über 53% (Rang 2 der herausfordernden Faktoren) haben den kulturellen Hintergrund oder die Religion ihrer Ratsuchenden thematisiert. Unter ihren externen Kollegen waren es knapp 36% (Rang 5 der herausfordernden Faktoren).[21] Ein kultursensibles und somit auch tolerantes Verhalten den Ratsuchenden gegenüber wird von neun Beratern besonders betont. Ein Berater einer externen Einrichtung beschreibt dies wie folgt: *„In der Beratung selbst versuche ich kultursensibel zu beraten und auf die Befindlichkeiten des Kunden zu achten. Damit meine ich auch, dass ich darauf achte, Einstellungen, Motive und die Religion zu beachten. All diese Punkte sind im Sinne der kultursensiblen Beratung von entscheidender Bedeutung"* (Interview Nr.39). Probleme ergaben sich, wenn die Ehemänner eine Erwerbstätigkeit ihrer Frauen nicht unterstützen oder sogar verbieten. Gerade in Berufen, die mit Körperkontakt einhergehen, wie beispielsweise im Pflegebereich, kann sich eine Vermittlung daher als sehr schwierig erweisen (vgl. Interviews Nr.53 & Nr.63). Andererseits können es auch die Frauen selbst sein, die sich nicht verpflichtet fühlen, eine Arbeit anzunehmen (vgl. Interview Nr.40). Das Rollenbild der Frau hat auch für die Beratung eine große Bedeutung. Gerade Beraterinnen berichten, dass es oft männliche Migranten sind, die sich nur ungern von einer Frau beraten lassen (vgl. Interviews Nr.18 & Nr.38). Dass zumindest grundlegende Kenntnisse über die jeweilige Kultur und die dazugehörigen Gepflogen-

---

[21] Vgl. Tabelle Tab_A12 in Anhang A6.

heiten sowie auch die Fähigkeit des Beraters, sich auf diese einzulassen, notwendig im Umgang mit Migranten sind, verdeutlicht die folgende Aussage eines Beraters: *„Also das erste ist ganz klar die Hand geben, das ist bei mir das A und O. Ich hatte ein einziges Mal den Vorfall: da hatte ich einer Dame die Hand gegeben, der Ehemann kam hinterher... Das hatte etwas mit Migrationshintergrund zu tun, weil ich der Dame die Hand nicht hätte geben dürfen! Da war das Gespräch dann nicht mehr zu retten. Da haben wir dann auch den Betreuer gewechselt und die Kundin zu einer Frau gebracht"* (Interview Nr.28).

Zwei Berater reflektieren zudem ihre eigenen Empfindungen und Wertvorstellungen. Sie kommen zu dem Schluss, dass es auch die eigenen kulturellen Vorstellungen und die eigene Skepsis sein kann, die eine Beratung von Ratsuchenden mit Migrationshintergrund erschwert.

Kultur und Religion als Hürden für eine erfolgreiche Arbeitsmarktintegration

Ebenso wie sprachliche Aspekte, werden auch kulturelle und religiöse Aspekte nicht nur als Herausforderung der Beratung wahrgenommen, sondern stellen aus Sicht eines Drittels der Berater auch Hindernisse für eine erfolgreiche Arbeitsmarktintegration dar. Hinderliche Faktoren sind aus ihrer Sicht u. a. kulturelle Unterschiede (N=11), das Erscheinungsbild (Kopftuch/Burka) (N=9), die Mentalität der Ratsuchenden (N=2), die Religiosität (N=2), aber auch der mangelnde Integrationswille seitens der Migranten (N=4) sowie die Abschottung vom Aufnahmeland bzw. eine starke kulturelle Identifikation mit dem Heimatland (N=5). Aus Sicht von 40% der befragten Vermittlungsfachkräfte von Arbeitsagenturen und Jobcentern, rangieren kulturelle und religiöse Aspekte auf Rang 4 der Integrationsprobleme in den Arbeitsmarkt. Für externe Berater scheinen diese Unterschiede einen geringen Einfluss zu besitzen (Rang 6).[22]

4.2.6 Qualifikation

Neben den Sprachkenntnissen sieht gut die Hälfte der Berater in der (mangelnden) Qualifikation bzw. in nicht oder nicht vollständig anerkannten Abschlüssen der Ratsuchenden eine Hürde der Arbeitsmarktintegration. Vor allem die Vergleichbarkeit der ausländischen Qualifikationen mit deutschen Referenzberufen und die Vielzahl an unterschiedlichen Herkunftsländern und Berufsabschlüssen werden als Herausforderung erachtet. Im Bereich der nicht-reglementierten Berufe[23] ist eine formale Anerkennung der ausländischen Qualifikationen nicht notwendig. Dies bereitet aus Sicht der Berater jedoch für den Arbeitgeber Schwierigkeiten bei der Vergleichbarkeit und folglich der Verwertbarkeit der ausländischen Qualifikationen. Aber auch eine Teilanerkennung oder die bloße Anerkennung des Schulabschlus-

---

[22] Vgl. Tabelle Tab_A12 in Anhang A6.

[23] „Der Berufszugang oder die Berufsausübung ist bei nicht reglementierten Berufen an keine bestimmte[n] staatliche[n] Vorgaben geknüpft. Das heißt, der Beruf kann ohne staatliche Zulassung ausgeübt werden. Dies gilt insbesondere für alle Ausbildungsberufe im dualen System. Ist der Beruf in Deutschland nicht staatlich reglementiert, kann man sich mit einer ausländischen Qualifikation direkt auf dem deutschen Arbeitsmarkt bewerben oder sich selbständig machen." (www.anerkennung-in-deutschland.de/html/de/glossar.php)

ses verbessern laut Aussagen der Berater die Chancen auf dem Arbeitsmarkt nicht grundlegend, da viele Migranten langwierige Anpassungslehrgänge oder die/das gesamte Ausbildung/Studium noch einmal durchlaufen müssten, was sowohl zeitlich als auch finanziell sehr schwierig sei (vgl. Interviews Nr.39, Nr.45 und Nr.56). Hinzu kommt, dass ein nicht anerkannter Abschluss dazu führt, dass auch hochqualifizierte Ratsuchende den Status eines „Helfers" besitzen und sich auf solche (prekären) Stellen bewerben müssen (vgl. Interviews Nr.14 & Nr.45). Eine Agenturmitarbeiterin bemängelt zudem, dass es gerade für ältere Migranten zu wenige Bildungsmöglichkeiten gibt (vgl. Interview Nr.21). Auch würden Migranten eine strukturelle Diskriminierung am Arbeitsmarkt erfahren (vgl. Interview Nr.17) und müssen „*oftmals mehr Qualifikationen [als deutsche Ratsuchende] nachweisen [...], um die gleiche Arbeit ausüben zu können*" (Interview Nr.41; vgl. auch Interview Nr.45).

4.2.7 Verbesserungspotenziale

Aus Sicht der Berater müssen sich die Ratsuchenden mit Migrationshintergrund zunächst (gute) Kenntnisse der deutschen *Sprache* aneignen, um ihre Integrationschancen zu erhöhen. Auffällig ist, dass zwar über 70% der Befragten schlechte Sprachkenntnisse als Hindernis für die Integration in den Arbeitsmarkt ansehen, aber lediglich 45% die Verbesserung dieser explizit als Chance nennen.

An zweiter Stelle wird von knapp 40% der Berater der *Integrationswille* der Migranten genannt. Um auf dem deutschen Arbeitsmarkt Fuß zu fassen, sollen sie integrationswillig und kulturell aufgeschlossen sein (N=17), eine gewisse Offenheit für Neues sowie Flexibilität aufweisen (N=12), sich mehr anpassen (N=5), selbst vorurteilsfrei agieren (N=2) und keinen religiösen Fanatismus ausleben (N=1). Auffällig ist, dass 40% der Berater Handlungsoptionen mit Blick auf die (kulturelle) Integration bei den Ratsuchenden sehen, jedoch nur ein Drittel von ihnen kulturelle und religiöse Aspekte als Risikofaktoren identifiziert.

Ein Drittel der Berater sieht in den *Arbeitseigenschaften* der Migranten Potenziale zur Verbesserung der Integrationschancen. Besonderer Wert seitens der Arbeitgeber wird aus ihrer Sicht auf Motivation (N=18), Lernbereitschaft (N=8), Fleiß und Leistungsbereitschaft (N=3) sowie Zuverlässigkeit und Verbindlichkeit (N=2) gelegt. Mit Blick auf die Motivation der Ratsuchenden gibt eine Vermittlungsfachkraft des Jobcenters zu bedenken, dass sie „*oft am Arbeitsmarkt benachteiligt [werden] und [...] sich schon im Voraus „abgestempelt" [fühlen]. Das führt natürlich zu einer sinkenden Motivation, schließlich wird sogar bei uns im Profil ein Akademiker als Helfer geführt, wenn noch kein anerkannter Abschluss vorliegt. Dementsprechend muss er sich auch auf Helfertätigkeiten bewerben*" (Interview Nr.14).

Die (formal nachweisbare) *Qualifikation* sowie der *Arbeitswille* werden von je 23 Beratern (31,9%) als Förderfaktoren der Integration genannt. Am häufigsten weisen sie hierbei auf eine höhere Qualifikation bzw. das Erreichen einer Mindestqualifikation (N=15) und einen anerkannten Abschluss (N=6) hin. Unter dem Arbeitswillen verstehen die Berater in erster Linie, dass die Ratsuchenden Engagement und Eigeninitiative zeigen (N=10), kompromissbereit sind, wenn der angestrebte Beruf nicht ausgeübt werden kann (N=8) und eine größere Ausdauer in der Bewerbungsphase aufbringen (N=4). Personale Eigenschaften, wie das Auftreten der Person und Netzwerke der Migranten haben nach Einschätzung der Berater keinen nennenswerten Einfluss auf die Arbeitsmarktchancen.[24]

Aus Sicht der Berater sind es demnach vor allem personelle Faktoren, wie der Spracherwerb sowie der Integrations- und Arbeitswille, an denen die Ratsuchenden mit Migrationshintergrund „arbeiten" sollten, um ihre Chancen auf dem deutschen Arbeitsmarkt zu verbessern. Strukturelle Faktoren wie die Qualifikation(sanerkennung) und Netzwerke werden hingegen eher als nachrangig empfunden. Dass die Integration in den Arbeitsmarkt nicht optimal verläuft, bestätigen auch die befragten Migranten. Insgesamt 15 von ihnen geben an, mit der derzeit ausgeübten Tätigkeit – zumindest langfristig – nicht zufrieden zu sein und knapp die Hälfte der Befragten bemängelt, dass die aktuelle Tätigkeit nicht der ihrer vormals erworbenen Qualifikation entspricht.

4.2.8 Zusammenfassung

In der Beratung von Ratsuchenden mit Migrationshintergrund sehen die befragten Berater viele Besonderheiten und Herausforderungen, die in Tabelle 3 zusammenfassend dargestellt sind.

Tabelle 3: Herausforderungen in der Beratung von Migranten aus Beratersicht.

Herausforderungen/Besonderheiten	Gesamt	BA	Rang	Extern	Rang
Sprachliche Aspekte	66 (91,7%)	55 (94,8%)	1	11 (78,6%)	1
Kulturelle/religiöse Aspekte	36 (50,0%)	31 (53,4%)	2	5 (35,7%)	5
Ängste der Ratsuchenden	35 (46,6%)	27 (46,6%)	3	8 (57,1%)	2
Arbeitsbeziehung	31 (43,1%)	25 (43,1%)	4	6 (42,9%)	4
Integration in den Arbeitsmarkt	27 (37,5%)	20 (34,5%)	5	7 (50,0%)	3
Wissensnachteile	26 (36,1%)	18 (31,0%)	6	8 (57,0%)	2
Rahmenbedingungen	18 (25,0%)	14 (24,1%)	7	4 (28,6%)	6
Kenntnisse der Berater	5 (6,9%)	---	8	5 (35,7%)	5
Anzahl befragter Berater	**72 (100%)**	**58 (100%)**		**14 (100%)**	

Mit großem Abstand werden von fast allen Beratern sprachliche Aspekte, wie Verständigungsschwierigkeiten oder auch die Anwesenheit eines Dolmetschers genannt. Kulturelle und religiöse Aspekte rangieren auf Platz zwei. Da dieses Thema durch ein gezieltes interkulturelles Training gut bearbeitet werden kann, verwundert der vordere Rangplatz.

---

[24] Die Unterschiede in den Einschätzungen von Beratern externer Einrichtungen und der BA sind in Tabelle Tab_A7 in Anhang A4 zusammenfassend dargestellt.

Insgesamt 28 Berater sind der Meinung, dass Ratsuchende mit Migrationshintergrund mehr (oder andere) Ängste haben als deutsche Kunden. Da sich diese Ängste und Unsicherheiten auch auf die Beratung auswirken können, werden sie ebenfalls zu den herausfordernden Faktoren gezählt und rangieren auf Platz drei. Vielen Beratern ist somit bewusst, dass Ängste und Unsicherheiten vorhanden sein können. Sie sollten aber auch die Ursachen hierfür erkennen und in ihrer Beratung berücksichtigen.

Unterschiede im Beratungssetting – hierzu zählen der Aufbau der Arbeitsbeziehung aber auch die Rahmenbedingungen der Beratung – werden weniger hoch priorisiert. Auch erfahren Themen rund um die Integration in den Arbeitsmarkt niedrigere Rangplätze, was – bedingt durch die neuen gesetzlichen Regelungen aber auch durch den häufig genannten Status eines Hilfsarbeiters der Ratsuchenden sowie dem großen Anteil an Vermittlungsfachkräften der BA in der Stichprobe – sehr verwundert.

4.3 Migrationsspezifisches Informationsmaterial und Netzwerkarbeit der Berater

Nicht nur die Ratsuchenden, sondern auch die Berater können einiges unternehmen, um ihren Ratsuchenden Hilfestellungen zu geben, sich in Deutschland zurechtzufinden und einen Weg in den Arbeitsmarkt zu finden. In erster Linie können hierbei grundlegende Informationen über Qualifizierungsangebote oder Sprachkurse hilfreich sein – aber auch das aktive Nutzen der eigenen Netzwerkpartner. Aus diesem Grund wurden die Berater gefragt, mit welchen Informationen sie ihre Ratsuchenden versorgen, welche Netzwerkpartner sie kennen und wie sie mit diesen zusammenarbeiten.

4.3.1 Informationen an Ratsuchende

Ergebnisse der Berater-Befragung

Arbeitsmarktintegration, Sprache, Qualifizierung und die Anerkennung der ausländischen Bildungs- und Berufsabschlüsse werden mit unterschiedlicher Gewichtung als Herausforderungen und Besonderheiten in der Beratung von Migranten erlebt. Aufbauend auf diesen Ergebnissen ist es interessant zu erfahren, welche Informationen in Form von Flyern, Broschüren, Verweisen an Netzwerkpartnern etc. den Ratsuchenden mit auf den Weg gegeben werden. In Kongruenz zu den „Herausforderungen einer migrationsspezifischen Beratung" werden die Ratsuchenden von mehr als der Hälfte der Berater (56%) mit Informationen zum Thema „Bildungs- und Sprachkursträger" und von gut 43% mit Informationen zur Anerkennung versorgt. Zur Weitergabe an Informationen zur Anerkennung gehören der Verweis zu Anerkennungsstellen/Kammern (N=12), der Verweis auf das Informationsportal zur Anerkennung ausländischer Bildungsabschlüsse (www.anabin.kmk.org) (N=2) bzw. auf die Seiten des BAMF (N=11) sowie Informationen zur Anerkennung in Form von Flyern, Broschüren o. ä. (N=21). Zudem geben 44,4% der Berater an, die Migranten über weitere Beratungsstellen zu informieren. Allgemeine Informationen wie beispielsweise Informationsflyer der jeweiligen Stadt, Checklisten, Ausfüllhilfen und Adressen von Netzwerkpartnern, geben 32% (N=23) der Berater heraus. Immerhin 11% (N=8) der Befragten geben an, den Ratsuchenden gar kein Informationsmaterial zu übergeben. Es handelt sich hierbei ausschließlich um Mitarbeiter der Arbeitsagenturen. Zudem ist ein weiterer Berater des Jobcenters der Meinung, dass Informationen eher sparsam herausgegeben werden sollten, um das Erlernen der deutschen Sprache zu unterstützen: *„Generell kann/soll vermieden werden, dass nach jedem Gespräch viele Informationen mitgegeben werden. Die sprachlichen Fähigkeiten sollen sich ja verbessern, sodass die Kunden auch selbst nach Informationen suchen können. Auch Informationen in der eigenen Sprache (Flyer…) sind wenig sinnvoll, denn sonst siegt die Bequemlichkeit, die deutsche Sprache nicht anwenden zu müssen"* (Interview Nr.12). Aufgrund des nachgewiesenen Wissensnachteils der Migranten (vgl. u. a. Kohn, 2011) erscheinen diese Ergebnisse und Ansichten als sehr bedenklich. Um den Wissensnachteil der Ratsuchenden bestmöglich auszugleichen und ihnen somit im Endeffekt auch die Integration in den Arbeitsmarkt zu erleichtern, ist fraglich, ob eine Vermeidung der Informationsweitergabe zielführend ist. Zudem scheinen gewisse Vorgaben zu existieren, welche Informationen weitergegeben werden dürfen und welche nicht. In diesem Zusammenhang berichtet eine Beraterin, dass Flyer von Trägern nicht mehr herausgegeben werden dürfen – was sie persönlich sehr bedauert – um nicht verzerrend in den Markt einzugreifen (vgl. Interview Nr.28).[25]

Bedenklich sind die Angaben der Berater zur Informationsweitergabe hinsichtlich der Kosten eines Anerkennungsverfahrens. Während über 70% der externen Berater (N=10) die Kosten als relevanten Faktor bei der Anerkennung ausländischer Bildungsabschlüsse ansehen, sind dies unter den BA-Beratern lediglich 30%. Knapp die Hälfte der BA-Berater ist sogar der Meinung, dass die Kosten für die Kunden irrelevant seien oder eine untergeordnete Rolle spielen, da sie nicht nach einer Kostenübernahme durch die Agenturen und Jobcenter fragen. Eine Agenturberaterin erläutert dies folgendermaßen: *„Es gäbe ja grundsätzlich eine Möglichkeit über uns zu fördern aber wie gesagt, mich hat noch nie jemand gefragt"* (Interview Nr.27). Ähnlich argumentiert eine Beraterin des Jobcenters: *„Interessanterweise fragen die Kunden nicht danach. Wenn man sie dann aber fragt, wieso sie das denn nicht haben anerkennen lassen, sagen sie es sei zu teuer"* (Interview Nr. 66). Es ist zu konstatieren, dass es aus Sicht einiger Berater die Aufgabe der Ratsuchenden ist, aktiv nach einer finanziellen Unterstützung hinsichtlich der Anerkennung ihrer Qualifikationen zu fragen (vgl. auch Interviews Nr.51 und Nr.60). Hierfür müssten die Ratsuchenden zunächst über die Kosten an sich und zusätzlich über die potenziellen Möglichkeiten einer finanziellen Unterstützung informiert sein. Allerdings agieren viele der Kunden gerade im Zwangskontext der Beratung bei Arbeitsagenturen und Jobcentern wahrscheinlich zurückhaltender und haben eher – wie bereits dargelegt – mit Ängsten und Unsicherheiten zu kämpfen. Auf der anderen Seite gibt es auch Berater, für die das aktive Anbieten einer Kostenübernahme

---

[25] Für einen Vergleich der Weitergabe von Informationen an Migranten nach Arbeitgeber vgl. Tabelle Tab_A8 in Anhang A5.

selbstverständlich ist: „*Wenn dieses Problem in der Beratung auftaucht, dann biete ich immer an, dass die Kosten übernommen werden können, wenn dies mit der Integration in Arbeit zusammenhängt. Ich fördere das dann ganz normal über Vermittlungsbudget, so dass dem Kunden in dieser Hinsicht schon mal geholfen werden kann*" (Interview Nr.33; vgl. auch Interview Nr.43). Irritierend sind die disparaten Aussagen hinsichtlich der Kostenübernahme an sich. Während einige BA-Berater erklären, dass die Kosten übernommen werden können (vgl. bspw. Interviews Nr.33 und Nr.43), weisen andere diese Möglichkeit gänzlich von der Hand: „*Das wird von uns nicht bezahlt und die Kunden wissen das oftmals, dass sie das selber bezahlen müssen. Sie fragen gar nicht*" (Interview Nr.61). Unsicherheit diesbezüglich besteht zudem bei zwei Beratern der Arbeitsagentur, die nicht wissen, ob anfallende Kosten einer Anerkennung übernommen werden können: „*Die Kunden erwähnen es teilweise. Sie sagen z. B. Anerkennung hat so und so viel gekostet. Aber wirklich zu fragen, ob es übernommen wird oder nicht, das kommt nicht vor. Ich glaube auch nicht, dass die AA da etwas übernehmen kann*" (Interview Nr.52). „*Mit dem Thema wurde ich noch nie konfrontiert, hat nie jemand gefragt. Wenn mal eine käme, müsste man halt prüfen, ob man das vielleicht über das Vermittlungsbudget ein bisschen abdecken könnte*" (Interview Nr.57). Immerhin 17 der befragten BA-Berater (29,3%) geben an, dass die anfallenden Kosten übernommen werden können. Eine Übersicht über die Antworten zur Kostenrelevanz der Anerkennung sowie die Unterschiede zwischen BA-Beratern und externen Beratern liefert Tabelle 4.

Tabelle 4: Relevanz der Anerkennungskosten aus Beratersicht.

	Rang	Gesamt	Rang	BA	Rang	Extern
Kosten der Anerkennung sind...						
... relevant	1	27 (37,5%)	2	17 (29,3%)	1	10 (71,4%)
... irrelevant	2	20 (27,8%)	1	20 (34,5%)	---	---
... nicht entscheidend für Kunden	3	8 (11,1%)	3	8 (13,8%)	---	---
keine Ahnung	4	6 (10,3%)	4	6 (10,3%)	---	

Ergebnisse der Migranten-Befragung

Migranten bewerten die Weitergabe von Informationen als besonders positiv (60%; N=15), was den hohen Stellenwert des Themas verdeutlicht. Da mit Blick auf eine qualifikationsgerechte Integration in den Arbeitsmarkt vor allem auch die Anerkennung der im Ausland erworbenen Qualifikationen einhergeht, interessiert vor allem, inwiefern sie von ihren Beratungsfachkräften zu diesem Thema beraten oder an weitere Stellen verwiesen werden.

Insgesamt elf Migranten (44%) geben an, von ihrer Vermittlungsfachkraft in der Agentur für Arbeit bzw. dem Jobcenter über dieses Thema informiert worden zu sein, acht Befragte (32%) haben sich in ihren Familien bzw. mit Arbeitskollegen hierüber ausgetauscht und sieben (28%) erhielten die notwendigen Informationen von anerkennenden Stellen, Ämtern oder Behörden. An Informationsmaterialien werden von den Beratern am häufigsten Adressen anderer (Informations-)Stellen (N=8; 32%) oder Informationsflyer (N=4; 16%) heraus-gegeben. Sieben Ratsuchende (28%) geben an, von ihrem Berater Tipps hinsichtlich der Anerkennungsthematik erhalten zu haben. Näher spezifiziert werden diese jedoch nicht. Da das Thema Anerkennung nach eigenen Angaben von knapp der Hälfte der Ratsuchenden selbst angesprochen wurde (in sechs Fällen vom Berater), kann als eigeninitiatives Verhal-ten der Migranten und damit verbunden auch als Wunsch, eine qualifikationsgerechte Arbeit zu finden, gedeutet werden.

Um die Anerkennung der ausländischen Qualifikationen zu initiieren, werden die Migranten in 48% der Fälle an anerkennende Stellen, wie Regierungspräsidien, Kammern und Ministe-rien verwiesen. Ein Ratsuchender wurde an einen Weiterbildungsträger verwiesen, den er sich jedoch selbst suchen muss, da *„der Mitarbeiter [ihm] keine Träger positiv oder negativ empfehlen [darf]"* (Interview Nr.23). Positiv hervorzuheben ist, dass die meisten der Be-fragten die Verweise als hilfreich erachten und alle die benötigten Informationen bei den jeweiligen Anlaufstellen erhalten haben.

4.3.2 Netzwerke der Berater

Da die Beratung von Migranten mit Herausforderungen wie Sprachschwierigkeiten oder der Anerkennung ausländischer Berufs- und Bildungsabschlüsse verbunden ist, stellt die Ver-netzung der einzelnen Akteure eine wichtige Voraussetzung für eine umfassende und ziel-gruppenspezifische Beratung dar. Daher wurden die Berater gefragt, welche Netzwerk-partner sie im Falle von auftretenden Problemen zu Rate ziehen. Explizit wurden sie zu ih-ren Netzwerkpartnern aus den Bereichen Migrationsberatung, Sprachbarrieren und Aner-kennung befragt, die nachfolgend ausführlich dargelegt werden.[26]

Netzwerk „Beratung"

Unter dem Netzwerk „Beratung" werden alle Netzwerkpartner zusammengefasst, die Bera-tungsdienstleistungen für Ratsuchende mit Migrationshintergrund anbieten. Hierzu zählen zum einen Beratungsstellen wie Jobcafés, Bewerbungscenter und Weiterbildungsberatungs-stellen, die den Schwerpunkt auf die Integration in den Arbeitsmarkt legen.[27] Zum anderen gehören diesem Netzwerk die Migrations(erst)beratungs- und Anerkennungsberatungsstel-len an, wie beispielsweise Wohlfahrtsverbände, das Christliche Jugenddorfwerk Deutsch-land (CJD) und das Netzwerk Integration durch Qualifizierung (IQ-Netzwerk). Insgesamt geben 46 Berater (63,9%) an, mit anderen Beratungsstellen zusammenzuarbeiten oder zu-mindest auf diese zu verweisen. Fast alle von ihnen (N=44) nennen als Ansprechpartner Migrations- oder Anerkennungsberatungsstellen, zehn Befragte (13,9%) geben als Netz-werkpartner Beratungsstellen mit Schwerpunkt Arbeitsmarktintegration an.

---

[26] Eine zusammenfassende Darstellung der deskriptiven Auswertung findet sich in Tabelle Tab_A9 in Anhang A5.

[27] Die Agenturen für Arbeit sowie das Jobcenter fallen nicht unter diese Kategorie, sondern unter „öffentlich-rechtliche Regelinstitutionen".

Netzwerk „Sprache"

Das Netzwerk „Sprache" setzt sich aus externen Netzwerkpartnern, dem internen Netzwerk des Beraters sowie dem Netzwerk des Ratsuchenden zusammen. Die externen Netzwerkpartner umfassen u. a. Sprachschulen, Integrationskursträger und Dolmetscher, die nicht von den Migranten zum Beratungsgespräch mitgebracht werden. Unter dem internen Netzwerk werden die eigenen sprachlichen Fähigkeiten des Beratenden und dessen Arbeitskollegen verstanden sowie die Aussage, dass keine expliziten Netzwerkpartner zum Thema „Sprache" vorhanden sind.[28] Das Netzwerk der Migranten besteht aus Familienangehörigen oder eigenen Dolmetschern, die bei sprachlichen Defiziten während der Beratung aushelfen. Insgesamt nennen über 80% der Berater mindestens einen Netzwerkpartner, den sie bei sprachlichen Problemen zu Rate ziehen können. Der Großteil entfällt hierbei mit 53 Nennungen (73,6%) auf die externen Netzwerkpartner. Gut ein Viertel (26,4%) verlässt sich auf die privaten Netzwerke der Ratsuchenden und zwölf Berater (16,7%) überwinden sprachliche Schwierigkeiten durch ihre eigenen Sprachkompetenzen oder die Hilfe ihrer Kolleginnen und Kollegen.

Mit Blick auf die externen Netzwerkpartner werden deutliche Unterschiede zwischen den Arbeitgebern sichtbar. Während Berater außerhalb der BA in knapp 43% der Fälle externe Netzwerkpartner bemühen, geben dies 81% der befragten Mitarbeiter von Arbeitsagenturen und Jobcentern an. Einen Grund hierfür kann die Integrationskursverpflichtung darstellen (§ 44a Abs. 1 AufenthG), die seitens der BA ausgesprochen wird und Eingang in die Eingliederungsvereinbarung findet. Da die Integrationschancen durch gute Deutschkenntnisse deutlich verbessert werden, sind weiterhin Verweise an Sprachkursträger oder Sprachschulen denkbar.

Bei großen Verständigungsschwierigkeiten wird in 19 Fällen keine aktive Unterstützung seitens der Beratungsfachkräfte angeboten. Ratsuchende mit Migrationshintergrund „müssen aus der Verwandtschaft oder dem Freundeskreis jemanden mitbringen, der unterstützen kann" (Interview Nr.53), so die Aussage einer Beraterin. Auffällig ist, dass diese Haltung zur Unterstützung durch Dolmetscher ausschließlich bei Vermittlungsfachkräften der BA zu finden ist – alle 19 Nennungen stammen von Mitarbeitern der Arbeitsagenturen und Jobcenter. Dieses Vorgehen entspricht der Handlungsempfehlung/Geschäftsanweisung (kurz: HEGA) 05/11 - 08 – (Inanspruchnahme von Dolmetscher- und Übersetzungsdiensten sowie Regelungen für den Einsatz und die Verwendung von Dienstausweisen), in der es heißt: „Kunden/Kundinnen mit unzureichenden Deutsch-Kenntnissen sollen zur Vermeidung von Verständnisschwierigkeiten in erster Linie eine Person mit entsprechenden Sprachkenntnissen mitbringen." Allerdings heißt es dort weiter: „Ist dies nicht möglich, sind für Übersetzungen und Dolmetscherdienste Mitarbeiterinnen und Mitarbeiter mit entsprechenden Sprachkenntnissen zu betrauen." So geben immerhin acht Berater an, bei großen Sprachproblemen Dolmetscher bzw. sogenannte „Brückenbauer" zum Beratungsgespräch hinzuzu-

---

[28] Durch diese Zuordnung wird angenommen, dass bei einem expliziten Verzicht auf bzw. dem Nicht-Vorhandensein eines solchen Netzwerkes Verständigungsschwierigkeiten durch die eigenen Ressourcen oder die Ressourcen im Team abgefangen werden können.

ziehen. Unter diesen acht Beratern finden sich sieben Vermittlungsfachkräfte der BA. Basierend auf diesen Ergebnissen stellt sich die Frage, ob die HEGA 05/11 von allen Vermittlungsfachkräften in vollem Umfang angewendet wird und – falls notwendig – seitens des Beraters die Dienste von Dolmetschern in Anspruch genommen werden. Dies ist entscheidend, um Ratsuchenden mit Migrationshintergrund den „*Zugang zu den Beratungs- und Sozialleistungen der BA nicht durch Sprachbarrieren*" (HEGA 05/11) zu erschweren. Denn die Amtssprache innerhalb der Bundesagentur für Arbeit ist deutsch (vgl. § 19 Abs. 1 SGB X), sodass Beratungsgespräche nicht in einer anderen Sprache geführt werden dürfen. Mit Blick auf die umfangreichen rechtlichen Regelungen und die damit verbundenen Konsequenzen ergibt dies auch durchaus Sinn. Für die reine Beratungsleistung, notwendige Erklärungen und eventuelle Verweise wäre eine Beratung in einer anderen Sprache jedoch durchaus denkbar. Dass dies funktioniert und auch erfolgreich durchgeführt wird, verdeutlichen die Aussagen eines Beraters einer externen Beratungsstelle. Dieser nutzt „google-translate", wenn „*eine Kommunikation einmal nicht auf Deutsch möglich*" ist oder versucht, sich „*auf Englisch mit dem Kunden zu unterhalten*" (Interview Nr.39). Aber auch die Mitarbeiter der BA finden Lösungswege, um Sprachprobleme zu mindern. So berichtet ein Berater, dass er eine seiner Ratsuchenden um Hilfe bei der Übersetzung gebeten hat: „*Wenn es um Sprachbarrieren geht, habe ich sogar eine „Landsmännin", die bei mir Kundin ist, aktiviert und habe die hierher [zum Dolmetschen] eingeladen. So etwas muss man selber regeln. Da helfen uns die Organisationen hier nicht weiter*" (Interview Nr.68). Diese Aussage verdeutlicht, dass die Vermittlungsfachkräfte selbst aktiv werden müssen, wenn nichtstandardisierte Wege zur Unterstützung der Ratsuchenden mit Migrationshintergrund beschritten werden sollen. Sie zeigt darüber hinaus aber auch, dass es möglich ist, solche Wege zu gehen.

Auf die eigenen Fähigkeiten oder die der Kollegen verlassen sich gut ein Drittel der Befragten (34,7%). Ein Vergleich der Arbeitgeber zeigt, dass die Berater externer Beratungsgesellschaften die internen Kompetenzen deutlich öfter (57,1%) nutzen als ihre Kollegen bei der BA (29,3%). Ursächlich hierfür kann sein, dass die Sprache „deutsch" nicht zwingend als Beratungssprache vorgeschrieben ist und die Berater folglich freier in ihrer Beratung und den eingesetzten (sprachlichen) Mitteln sind.

Netzwerk „Anerkennung"

In diesem Netzwerk finden sich Ansprechpartner für Fragestellungen rund um das Thema Anerkennung ausländischer Qualifikationen, wie beispielsweise Kammern, die Behörde für Schulabschlüsse oder Anerkennungsstellen. Beratungsstellen zur Anerkennung fallen hingegen nicht in diese Netzwerkkategorie (siehe hierzu „Netzwerk Beratung"). Begründet durch die Vielzahl an Anerkennungsstellen, ist es für den Ratsuchenden hilfreich, im Beratungsgespräch die passenden Ansprechpartner und Anerkennungsstellen mitgeteilt zu bekommen. Um dies zu gewährleisten, ist es unabdingbar, dass die Berater und Vermittlungsfachkräfte einen grundlegenden Überblick besitzen. Insgesamt haben knapp zwei Drittel der

Befragten (N=44; 61,6%) angegeben, Ansprechpartner im Feld der Anerkennung zu haben. Ein Vergleich der Arbeitgeber zeigt deutliche Unterschiede auf: während knapp 86% der Befragten externer Beratungsstellen mit Netzwerkpartnern aus diesem Bereich zusammenarbeiten, sind dies bei der BA nur gut 55%. Hinzu kommt, dass insgesamt 17 Berater angeben, nicht zu wissen, welche Stellen für die Anerkennung zuständig sind (N=10) bzw. dass sie keinen Bedarf an Netzwerkpartnern in diesem Bereich feststellen können (N=9). Zwei von ihnen haben weder Bedarf, noch wüssten sie über die entsprechenden potenziellen Netzwerkpartner Bescheid. Alle 17 Berater sind bei der BA beschäftigt und haben bereits Erfahrung in der Beratung mit Migranten.[29]

Es ist zu konstatieren, dass Vermittlungsfachkräfte der BA zum einen weniger Netzwerkpartner im Bereich der Anerkennung haben als ihre Kollegen in externen Beratungsstellen. Zum anderen scheinen sie einen geringeren Informationsstand zu diesem Thema zu besitzen. Eine Beraterin erzählt beispielsweise, dass sie den Ratsuchenden die Internetadresse www.anerkennung-in-deutschland.de mitgibt. *„Da werden sie dann Schritt für Schritt zu den für sie zuständigen Behörden geführt. Ich denke, dass da die IHK und die HWK einen Großteil übernehmen. Sicher bin ich aber nicht"* (Interview Nr.19). Ein weiterer Berater gibt an, nur das Regierungspräsidium als anerkennende Stelle zu kennen, ist sich dessen aber nicht sicher (vgl. Interview Nr.57). Auch gibt es Berater, die gar keine Anerkennungsstelle kennen (vgl. Interview Nr.60) oder noch auf die Zentrale Auslands- und Fachvermittlung (ZAV) als Beratungsstelle verweisen (vgl. Interview Nr.18), obwohl diese die Anerkennungsberatung nur in der Pilotphase in den Jahren 2009 bis 2011 durchgeführt hat (vgl. Zentrale Auslands- und Fachvermittlung (ZAV) der Bundesagentur der Arbeit, 2011). Andererseits berichtet eine Mitarbeiterin eines Jobcenters, dass dieses selbst als Beratungspartner zur Abschlussanerkennung fungiert. Das nötige Fachwissen zur Anerkennung – auch aufgrund von Schulungsmaßnahmen – sei im Team vorhanden, weswegen sie die Unterstützung durch andere Stellen als nicht notwendig erachtet (vgl. Interview Nr.17).

Weitere Netzwerke

Aus den Antworten der Berater können darüber hinaus drei weitere Netzwerk-Kategorien extrahiert werden: Öffentlich-rechtliche Regelinstitutionen, Bildung sowie Integration.

Mit öffentlich-rechtlichen Regelinstitutionen arbeiten knapp 60% der befragten Berater zusammen, bzw. verweisen auf diese. Hierunter fallen im Einzelnen das Bundesamt für Migration und Flüchtlinge (BAMF), die Ausländerbehörde, (Sozial-)Ministerien und für die externen Berater Jobcenter und die Agentur für Arbeit. Mit Bildungsträgern und Schulen, die zum Netzwerk „Bildung" gezählt werden, stehen 20 (27,8%) der befragten Berater in Kontakt. Das Netzwerk „Integration" umfasst Vereine für Migranten, Integrationsberatungsstellen und Personen, die im Bereich der sozialen Arbeit tätig sind. Von allen befrag-

---

[29] Der mittlere Anteil an Ratsuchenden mit Migrationshintergrund liegt bei dieser Gruppe bei 44,7%, wobei die Spannweite von 20% bis 85% reicht. Mit der Frage nach der Anerkennung ausländischer Qualifikationen wurden die Berater im Schnitt von 13,5% ihrer Ratsuchenden konfrontiert. Die Spanne reicht hier von 0% bis 85%.

ten Beratern geben insgesamt neun (12,5%) an, auf Netzwerkpartner im Bereich der Integration zurückgreifen zu können.

Kontakthäufigkeit

Neben der reinen Erfassung, wen die Berater zu ihrem Netzwerk zählen, soll weiterhin geprüft werden, wie intensiv dieser Kontakt ist. Hierzu wurden die Befragten gebeten, Angaben zur Häufigkeit des Kontakts zu machen. Die Angaben werden in die Kategorien „regelmäßiger Kontakt", „Kontakt nach Bedarf (unregelmäßig)", „kein Kontakt" und „Verweisberatung" unterteilt.

Insgesamt geben 28 Berater (38,9%) an, mit ihren Netzwerkpartnern in regelmäßigem Kontakt zu stehen. Ein Viertel kontaktiert diese nur nach Bedarf und zwei Berater gar nicht (2,8%). Eine reine Verweisberatung kann in zehn Fällen (13,9%) identifiziert werden. Die restlichen 25% haben keine Angabe zur Kontakthäufigkeit gemacht. Differenziert nach Arbeitgeber ergeben sich erhebliche Unterschiede in der Zusammenarbeit mit den Netzwerkpartnern. Nur 18 Berater der BA (31%) geben an, in regelmäßigen Kontakt mit ihren Netzwerkpartnern zu stehen. Bei externen Beratungseinrichtungen sind es hingegen 71,4%. Hinzu kommt, dass ausschließlich die Vermittlungsfachkräfte der Arbeitsagenturen und Jobcenter angeben, die Netzwerkpartner nie zu kontaktieren (N=2), bzw. eine reine Verweisberatung durchzuführen (N=10; 17,2%). Eine Beraterin teilt beispielsweise mit, dass ein Kontakt nur dann zustande kommt, *„wenn Probleme beim Kunden auftauchen"* (Interview Nr.43). Eine weitere Beraterin schließt die Netzwerkarbeit sogar gänzlich aus: *„Wenn notwendig, dann verweist man, aber wir bilden hier nicht schwerpunktmäßig irgendwelche Netzwerke"* (Interview Nr.58).

Die Ergebnisse zeigen, dass deutliche Unterschiede im Netzwerkaufbau und der Netzwerkpflege zwischen Vermittlungsfachkräften der BA und (Migrations-)Beratern externer Beratungsstellen existieren. Um Ratsuchende mit Migrationshintergrund – auch mit Blick auf eine qualifikationsgerechte Integration in den Arbeitsmarkt – zu beraten, ist der Aufbau eines Netzwerks sicherlich nicht von Nachteil. Ein Berater einer externen Beratungseinrichtung äußert sich hierzu wie folgt: *„Ein/e Migrationsberater/in sollte ca. 15% Netzwerkarbeit machen. Dies machen viele aber nicht, manche dagegen leiten ein Netzwerk. Netzwerke und Engagement sind aber wichtig in der Migrationsberatung. [...] Nur wenige erkennen, wo Netzwerkarbeit notwendig ist. [...] Für Netzwerkarbeit braucht man Fachwissen und Menschenkenntnis"* (Interview Nr.47).

Einblicke in die Arbeit der Netzwerkpartner

Nachdem in den vorangegangenen Abschnitten dargelegt wurde, mit welchen Netzwerkpartnern und in welcher Häufigkeit die Berater zusammenarbeiten oder zumindest auf welche sie ihre Ratsuchenden verweisen, wird nachfolgend dargelegt, inwiefern Einblicke in die Arbeit der Netzwerkpartner vorhanden sind. Aus den Antworten der befragten Berater können die folgenden Kategorien abgeleitet werden:

- Keine/kaum Einblicke
- Einblicke durch den persönlichen Kontakt
- Zusammenarbeit
- Einblick durch Kundenrückmeldungen
- Öffentlichkeitsarbeit

Trotz vorhandener Netzwerke haben 33 Berater (45,8%) keinen oder kaum Einblicke in deren Arbeit. Werden die fünf Berater, die angeben, mit keinen externen Stellen zusammenzuarbeiten, hinzugezählt, weiß über die Hälfte der Berater (52,8%) nicht über die Arbeits- und Vorgehensweisen externer Partner Bescheid. Unter diesen insgesamt 38 Befragten sind 37 bei den Arbeitsagenturen und Jobcentern beschäftigt. Eine Mitarbeiterin des Jobcenters berichtet beispielsweise: *„Einblicke haben wir eher weniger. Wir haben mal eine Trägerbesichtigung gemacht, aber auch nicht jeder im Team und das ist auch schon länger her. Wird eigentlich mal wieder Zeit, dass das Wissen aufgefrischt wird"* (Interview Nr.43). Auch eine Vermittlungsfachkraft einer Arbeitsagentur berichtet, dass auf ihrer Ebene kein wirkliches Netzwerk existiert und somit auch kein Austausch mit externen Partnern stattfindet (vgl. Interview Nr.58). Während diesen beiden Aussagen ein grundsätzliches Interesse an einem Austausch mit anderen Ansprechpartnern entnommen werden kann, weist eine weitere Mitarbeiterin des Jobcenters dieses Interesse von sich: *„Aber wie genau die Leute da arbeiten, interessiert mich auch nicht wirklich, weil ich keine Zeit dafür habe. Ich verweise die Leute dahin und lade sie auch nicht zwischendurch ein"* (Interview Nr.66).

Einblicke durch einen persönlichen Kontakt zu den Netzwerkpartnern haben 44,4% der Befragten (N=32). Dieser findet in Form von Besichtigungen, Besuchen, Vorstellung von Projekten oder E-Mail-Korrespondenz statt. Die Unterschiede zwischen Beratern externer Einrichtungen und der BA sind hierbei auffällig. Während 34,5% der BA-Berater (N=20) durch den persönlichen Kontakt Einblicke in die Arbeitsweise angeben, pflegen diesen 85,7% der Berater externer Einrichtungen (N=12). Aber auch der eigene Migrationshintergrund der Berater scheint sich auf die Art der Netzwerkpflege auszuwirken. Berater mit Migrationshintergrund geben in 72,2% der Fälle (N=13) an, persönlich mit den Netzwerkpartnern in Kontakt zu stehen, während dies unter den Beratern ohne eigene Migrationshistorie nur 32,7% sagen (N=17).

Ein sehr intensiver Austausch kann durch die Zusammenarbeit in gemeinsamen Projekten hergestellt werden, was in acht Fällen (11%) angegeben wird.[30] Bemängelt wird jedoch, dass diese Zusammenarbeit mit Beendigung der (befristeten) Projekte ebenfalls endet (vgl. Interview Nr.32). Sieben Berater (9,7%) geben zudem an, Einblicke in die Arbeit der Netzwerkpartner durch die Rückmeldungen ihrer Kunden zu erhalten und vier Berater (5,6%) nutzen als Informationsquelle die Öffentlichkeitsarbeit bzw. den Internetauftritt der jeweiligen Netzwerkpartner.

---

[30] Von einer differenzierten Darstellung einzelner Subgruppen wird aufgrund der geringen Fallzahl abgesehen. Für die deskriptiven Ergebnisse vgl. Tabelle Tab_A9 im Anhang A5.

Bewertung der Netzwerkarbeit und Verbesserungsvorschläge

Zum Thema „Netzwerke" wurden die Berater abschließend gefragt, wie sie die Zusammenarbeit grundsätzlich einschätzen und welche Verbesserungsvorschläge sich aus ihrer Perspektive ergeben. Angelehnt an Schulnoten haben insgesamt 42 Berater (58,3%) die Zusammenarbeit mit den externen Partnern bewertet. Acht Berater (11,1%) empfinden die Kooperation als „sehr gut", 23 (31,9%) als „gut", weitere acht Befragte schätzen sie eher als „mittelmäßig" ein und drei Berater (4,2%) berichten, dass die Zusammenarbeit nur „schlecht" funktioniert. Keine Einschätzung über die Zusammenarbeit können fünf Berater abgeben (6,9%). Elf Befragte (15,3%) teilen mit, dass sie keine Netzwerkpartner haben. Die geäußerte Kritik an der Zusammenarbeit ist recht homogen und zeigt, dass vor allem im Zusammenspiel mit den Behörden Verbesserungspotenziale vorhanden sind. *„Mit den Behörden sehe ich auf jeden Fall Verbesserungsbedarf. Es kann ja nicht sein, dass nach Fachkräften geschrien wird, diese aber nicht die Möglichkeit besitzen, sich ihren Abschluss anerkennen zu lassen, weil die Zuständigkeit nicht geklärt ist oder weil die Mitarbeiter in den zwei Stunden der Erreichbarkeit eben nicht erreichbar sind"* (Interview Nr.35).[31] Aber auch der Umgang mit den Ratsuchenden selbst wird von den Beratern bemängelt: *„Auch kann ich den Schilderungen der Klienten des Öfteren entnehmen, dass eine fehlende Sensibilität an den Tag gelegt wird. Den Menschen wird oftmals ein wenig passgenaues Angebot unterbreitet, wodurch beispielsweise die Integration in Arbeit nicht von großer Dauer sein wird"* (Interview Nr.42). Ähnlich äußern sich auch zwei weitere Mitarbeiter externer Beratungsstellen über die Zusammenarbeit mit den Jobcentern. Sie betonen, dass die Kooperation zum Wohl des Kunden – sowohl mit Blick auf die Struktur der Abläufe als auch die Integration in Arbeit – dringend verbessert werden sollte (vgl. Interviews Nr.34 & Nr.39).

Die Frage nach Verbesserungspotenzialen mit Blick auf die Netzwerkarbeit wurde von 50 der 72 Befragten beantwortet. Das vielfältige Antwortspektrum wurde in die folgenden Kategorien überführt:

* **Allgemeines Verbesserungspotenzial des Netzwerkaufbaus und der Netzwerkpflege (N=20)**

  Unter dem allgemeinen Verbesserungspotenzial sind die Antworten „Verbesserungspotenzial auf beiden Seiten", „Ich müsste zwecks Netzwerkpflege selbst aktiv werden", „Einblicke in die Arbeitsweise wünschenswert" und „Verbesserungen auf kommunaler Ebene notwendig" subsummiert. Gut ein Viertel der befragten Berater ist sich bewusst, dass die Zusammenarbeit allgemein verbesserungsbedürftig ist, bzw. man selbst auch mehr Zeit in die Pflege der Netzwerke stecken müsste. Diese sehr allgemeinen und damit auch unspezifischen Verbesserungsvorschläge werden fast ausschließlich von den Beratern der Arbeitsagenturen und Jobcenter genannt.

---

[31] Zur Kritik an der Erreichbarkeit der Behörden vgl. zudem die Interviews Nr.14; Nr.31 und Nr.44.

- **Verbesserung der zeitlichen Erreichbarkeit (N=10)**

  Vor allem die Erreichbarkeit und Sprechzeiten von Organisationen, Behörden und Kammern sollten nach Meinung der Befragten verbessert werden. Explizit genannt werden zudem auch die Bezirksregierungen und Anerkennungsstellen. Die zeitliche Erreichbarkeit stellt hierbei eher für Berater externer Einrichtungen (N=7; 50%) als für BA-Berater (N=3; 5,2%) ein Problem dar.

- **Inhaltliche Zusammenarbeit verbessern (N=9)**

  Neun Berater (12,5%) möchten zudem die inhaltliche Zusammenarbeit vorantreiben. Hierunter fallen ein verbesserter Datenaustausch mit Behörden, die Erhöhung der Transparenz behördlicher Vorgänge aber auch die Kommunikation mit Netzwerkpartnern und die weitere Zusammenarbeit auch nach der Beendigung von gemeinsamen Projekten.

- **Verbesserung der Kundenorientierung/professioneller Umgang mit den Kunden (N=5)**

  Ein professionellerer Umgang mit den Kunden wird von fünf Beratern (6,9%) angeregt. Als Verbesserungen schlagen sie einen geringeren Personalwechsel und folglich feste Ansprechpartner für die Ratsuchenden vor und wünschen sich ein transparenteres und praktikableres Vorgehen bei der Anerkennung.

- **Keine Verbesserungsvorschläge (N=14)**

  Knapp 20% der Berater geben an, keine Verbesserungspotenziale in der Zusammenarbeit mit den Netzwerkpartnern zu erkennen. Es handelt sich hierbei ausschließlich um Vermittlungsfachkräfte der Bundesagentur für Arbeit.

4.3.3 Zusammenfassung

Die Analyse der Informationsweitergabe an Migranten hat gezeigt, dass die Ratsuchenden vor allem über weitere Beratungsstellen, Sprachkurse und die Anerkennung ihrer im Ausland erworbenen Qualifikationen informiert werden. Auffällig sind die unterschiedlichen Einschätzungen zur Relevanz der Kosten eines Anerkennungsverfahrens. Vor allem für externe Berater stellen diese eine nicht zu vernachlässigende Größe dar. Hinsichtlich einer möglichen finanziellen Unterstützung durch die BA muss konstatiert werden, dass nicht alle befragten BA-Berater wissen, ob und inwiefern eine solche möglich ist. Neben den Informationen an Ratsuchende, wurden die Berater zudem zu ihren Netzwerkaktivitäten befragt. Eine Zusammenfassung der deskriptiven Auswertungen ist in Tabelle 5 dargestellt.

Tabelle 5: Netzwerkpartner der Berater.

Netzwerke der Berater	Gesamt	BA	Extern
Beratung	**46 (63,9%)**	**35 (60,3%)**	**11 (78,6%)**
• „Arbeitsmarkt"	10 (13,9%)	8 (13,8%)	2 (14,3%)
• „Migranten"/„Anerkennung"	44 (61,1%)	33 (56,9%)	11 (78,6%)
Sprache	**61 (84,7%)**	**51 (87,9%)**	**10 (71,4%)**
• Externe Partner	53 (73,6%)	47 (81,0%)	6 (42,9%)
• Netz der Migranten	19 (26,4%)	19 (32,8%)	0 (0,0%)
• Eigene Kenntnisse/Kollegen	25 (34,7%)	17 (29,3%)	8 (57,1%)
Anerkennung	44 (61,6%)	32 (55,2%)	12 (85,7%)
Integration	9 (12,5%)	7 (12,1%)	2 (14,3%)
Bildung	20 (27,8%)	14 (24,1%)	6 (42,9%)
Öffentlich-rechtliche Institutionen	43 (59,7%)	32 (55,2%)	11 (78,6%)
Anzahl befragter Berater	**74 (100%)**	**58 (100%)**	**14 (100%)**

Die Zusammenarbeit mit Netzwerkpartnern findet vor allem in den Bereichen „Sprache", „Beratung" und „Anerkennung" statt. Dieses Ergebnis steht ebenfalls im Einklang mit der Informationsweitergabe an die Ratsuchenden. Zwischen den Arbeitgebern können in den Bereichen „Sprache" und „Anerkennung" erhebliche Unterschiede der Netzwerkaktivitäten festgestellt werden. Während die Berater der Agenturen und Jobcenter bei sprachlichen Schwierigkeiten in erster Linie auf externe Partner zurückgreifen, vertrauen die Berater externer Einrichtungen vor allem auf die eigenen Kenntnisse oder die ihrer Kollegen. Auch hinsichtlich der Intensität des Kontakts können Unterschiede zwischen BA-Beratern und externen Beratern festgestellt werden. Zum einen hat nur knapp ein Drittel der BA-Berater regelmäßigen Kontakt zu den jeweiligen Netzwerkpartnern, zum anderen sind es ausschließlich Berater der Agenturen und Jobcenter, die eine reine Verweisberatung durchführen. Dies spiegelt sich auch in den genannten Verbesserungspotenzialen der Netzwerkarbeit wider, die seitens der BA-Berater meist sehr unspezifisch sind.

4.4 Themen der Beratung und Wünsche der Ratsuchenden

Herausforderungen der Beratung, Informationsweitergabe an Ratsuchende und die Unterstützung durch Netzwerke – hierüber haben die Berater bislang resümiert. Aber was sind die Anliegen ihrer Kunden? Um dies herauszufinden, wurden die Berater zunächst gefragt, welches die drei häufigsten Themen in der Beratung von Migranten sind. Daran anschließend sollten sie überlegen, welche Wünsche die Ratsuchenden an sie als Berater richten. Um herauszufinden, ob die Berater mit ihren Einschätzungen richtig liegen, wurden ebenfalls ratsuchende Migranten zu ihren Wünschen an Berater befragt. Die Ergebnisse werden nachfolgend vorgestellt.

4.4.1 Beratungsthemen

Als die drei häufigsten Themen in der Beratung von Migranten sehen die befragten Berater die Integration in den Arbeitsmarkt (55,6%), Sprachkurse (48,6%) und die Qualifizierung (49,3%). Obgleich durch das BQFG nun ein Rechtsanspruch auf eine Gleichwertigkeitsprüfung der eigenen Qualifikationen mit einem deutschen Referenzberuf besteht, nennen nur gut ein Viertel der Berater die Anerkennung als ein Thema in ihrer Beratung (vgl. Tabelle 6). Betrachtet man die dargestellten Kategorien näher, so werden unter dem Thema Arbeitsmarktintegration die Antworten „Arbeitssuche & Vermittlung" (N=37; 51,4%), „Arbeitslosigkeit" (N=1; 1,4%), „Unterstützung bei der Bewerbung" (N=4; 5,6%) und „Führerscheinerwerb" (N=1; 1,4%) subsummiert. Innerhalb der Kategorie Arbeitsmarktintegration spielt die „Arbeitssuche & Vermittlung" demnach die größte Rolle. Mit Blick auf die Stichprobenzusammensetzung ist dieses Ergebnis nicht verwunderlich, da die Vermittlung in Arbeit eines der Hauptziele der Berater der Bundesagentur für Arbeit darstellt und diese wiederum den größten Teil an den Befragten ausmachen. Während unter dem Thema „Sprachkurse" sowohl Sprach- als auch Integrationskurse vereint sind, wird die Kategorie „Qualifizierung" nicht weiter unterteilt.

Aufgrund der unterschiedlichen (gesetzlichen) Beratungsaufträge zwischen Beratern der BA und externen Einrichtungen, stellt sich die Frage, ob dies ebenfalls Auswirkungen auf die Schwerpunkte der Beratung hat. Die Vermutung liegt nahe, dass den Themen Arbeitsmarktintegration, Qualifizierung und Berufseinstieg vor allem im Agenturkontext große Aufmerksamkeit geschenkt wird.

In der Tat wird die Integration in den Arbeitsmarkt von knapp 64% der Berater der Bundesagentur für Arbeit am häufigsten als Beratungsthema genannt. Auf Rang zwei werden Sprachkurse (50%), auf Rang drei die Qualifizierung (41,4%) genannt. Das Thema der Anerkennung wird indes nur von 15,5% der BA-Berater genannt und nimmt somit ein untergeordnetes Beratungsanliegen ein. Bei den externen Beratungsinstitutionen ergibt sich ein anderes Bild. Hier rangiert das Thema der Anerkennung auf Platz eins und wird von über 71% der Befragten genannt. Ebenso wie bei der BA rangiert auf dem zweiten Platz das Thema Sprachkurs (knapp 43%). Rang drei teilen sich mit je 35,7% die Themen Qualifizierung und finanzielle Fragestellungen (vgl. Tabelle 6).

Das Ergebnis verdeutlicht, dass die Beratung innerhalb der BA einem anderen Auftrag folgt als die Beratung in externen Einrichtungen. Gemäß des gesetzlichen Auftrags der Arbeitsmarktintegration wird dieses Thema häufiger von Vermittlungsfachkräften der Arbeitsagenturen und Jobcentern genannt. Obgleich auch die Anerkennung der ausländischen Qualifikationen eng mit der Integration in den Arbeitsmarkt verbunden ist, wird dieses Anliegen viel häufiger bei externen Beratungsgesellschaften angesprochen.

Tabelle 6: Themen der Beratung.

Themen der Beratung	Anzahl (%)	BA (%)	Extern (%)
Arbeitsmarktintegration	40 (55,6%)	37 (63,8%)	3 (21,4%)
Sprachkurs	35 (48,6%)	29 (50,0%)	6 (42,9%)
Qualifizierung	29 (40,3%)	24 (41,4%)	5 (35,7%)
Anerkennung	19 (26,4%)	9 (15,5%)	10 (71,4%)
Berufseinstieg	13 (18,1%)	10 (17,2%)	3 (21,4%)
Familiäre Situation	12 (16,7%)	10 (17,2%)	2 (14,3%)
Finanzen	12 (16,7%)	7 (12,1%)	5 (35,7%)
Rechtliche/behördliche Fragestellungen	10 (13,9%)	6 (10,3%)	4 (28,6%)
Anzahl befragter Berater	**72 (100%)**	**58 (100%)**	**14 (100%)**

Interessant sind zudem die Aussagen zu rechtlichen und behördlichen Fragestellungen, zu denen die Arbeitserlaubnis, statusrechtliche Fragen, Fragen zur Krankenversicherung, mangelnde rechtliche Kenntnisse und bürokratische Probleme zählen, die ebenfalls in den externen Einrichtungen häufiger Thema sind als in der BA. Eine mögliche Erklärung wäre, dass sich die Ratsuchenden mit Fragestellungen, die mit der Beratung oder dem Ablauf in der Agentur für Arbeit zusammenhängen, an externe Organisationen wenden. Eventuell haben sie auch mehr Hemmungen und Ängste, Fragen über rechtliche Belange im Zwangskontext der Agentur anzusprechen.

4.4.2 Wünsche der Ratsuchenden – zwei Sichtweisen

Einschätzung der Berater, was sich die Ratsuchenden wünschen
Empathie, Kundenorientierung und Unterstützung – aus Sicht von je 22 Beratern ist dies die häufigsten Wünsche der Ratsuchenden an ihre Beratungsfachkräfte. Unter der Kundenorientierung verstehen die befragten Berater eine schnelle und kompetente Beratung, Kundenfreundlichkeit sowie verständliche Erklärungen unterschiedlicher Sachverhalte. Unterstützung erhoffen sich die Ratsuchenden ihrer Meinung nach vor allem bei der Stellensuche, der Bewerbung und beim Ausfüllen von Anträgen. An zweiter Stelle steht aus Sicht von 20 Beratern (27,8%) der Wunsch nach Integration in den Arbeitsmarkt als Ergebnis der Beratung. Dass sich die Migranten einen vorurteilsfreien Berater wünschen, äußern zehn Berater (13,9%). Weniger oft wird der Wunsch nach der Verbesserung der deutschen Sprache, beispielsweise durch den Besuch von Sprachkursen, Informationen und einer finanziellen (existenziellen) Sicherheit (je N=7; 9,7%) genannt. Sechs Vermittlungsfachkräfte nehmen zudem das Bedürfnis nach Fortbildungen oder Umschulungsmaßnahmen wahr. Kaum

relevant ist aus Sicht der Berater hingegen die Berücksichtigung des kulturellen Hintergrunds (4,2%). Drei Berater (4,2%) sind der Überzeugung, dass die Ratsuchenden in Ruhe gelassen werden möchten.

Interessant ist die Gegenüberstellung der vermuteten Wünsche von Beratern der BA und den Beratern externer Einrichtungen (vgl. Tabelle 7).

Tabelle 7: Wünsche der Ratsuchenden aus Beraterperspektive.

Wünsche	Rang	Gesamt	Rang	BA	Rang	Extern
Empathischer Berater	1	22 (30,6%)	2	18 (31,0%)	2	4 (28,6%)
Kundenorientierung	1	22 (30,6%)	3	15 (25,9%)	1	7 (50,0%)
Unterstützung	1	22 (30,6%)	1	19 (32,8%)	3	3 (21,4%)
Integration in den Arbeitsmarkt	2	20 (27,8%)	1	19 (32,8%)	5	1 (7,1%)
Keine Vorurteile	3	10 (13,9%)	4	10 (17,2%)	---	---
Sprachkurse	4	7 (9,7%)	5	7 (12,1%)	---	---
Finanzielle (existenzielle) Sicherheit	4	7 (9,7%)	7	5 (8,6%)	4	2 (14,3%)
Informationen	4	7 (9,7%)	8	4 (6,9%)	3	3 (21,4%)
Fortbildungen/Umschulungen	5	6 (8,3%)	6	6 (10,3%)	---	---
Individuell unterschiedlich	6	5 (6,9%)	7	5 (8,6%)	---	---
Kultur berücksichtigen	7	3 (4,2%)	9	3 (5,2%)	---	---
In Ruhe lassen	7	3 (4,2%)	9	3 (5,2%)	---	---
Gesamt		**72 (100%)**		**58 (100%)**		**14 (100%)**

Während für die Vermittlungsfachkräfte der Agenturen und Jobcenter der Wunsch nach Integration in den Arbeitsmarkt sowie der Wunsch nach Unterstützung durch den Berater an erster Stelle stehen, denken externe Berater, dass ihre Ratsuchenden sich in erster Linie eine kundenorientierte Beratung von ihnen erhoffen. In beiden Gruppen vermuten rund 30% der Befragten, dass sich die Migranten einen empathischen Berater wünschen, der sie wertschätzt, ernst nimmt und ihnen zuhört. Auffällig ist, dass die Themen „vorurteilsfreier Berater", „Sprachkurse", „Fortbildungen und Umschulungen", „Berücksichtigung des kulturellen Hintergrunds" und „in Ruhe lassen" ausschließlich von Vermittlungsfachkräften der BA genannt werden. Ob sich die Vermutungen der Berater mit den tatsächlichen Wünschen der Ratsuchenden decken, wird im folgenden Abschnitt dargelegt.

Was sich die Migranten wirklich wünschen

Auch die Ratsuchenden selbst wurden nach ihren Wünschen und Verbesserungsvorschlägen für die Beratung befragt. Positiv ist zunächst zu erwähnen, dass 84% der befragten Ratsuchenden mit Migrationshintergrund angeben, sich in der Beratung wohlgefühlt zu haben. Dennoch wünscht sich knapp ein Viertel von ihren Beratern ein freundlicheres Verhalten. Dies steht in Einklang mit der Beurteilung des Verhaltens der Berater, das ebenfalls knapp ein Viertel der Ratsuchenden als unfreundlich und nicht wertschätzend bemängelt (vgl. Abschnitt 4.2). Für insgesamt 40% war das Beratungsgespräch nicht hilfreich. Unter ihnen befinden sich zudem drei Ratsuchende, die noch nicht wissen, was sie nun unternehmen müssen/sollten. Neben den sozialen (N=15) und fachlichen Kompetenzen (N=10) der Vermitt-lungsfachkräfte und Berater, hinterlassen auch Weiterbildungskurse der BA (N=4) und Informationen zu Weiterbildungs- und Umschulungsmaßnahmen (N=3) bei den Ratsuchenden grundsätzlich einen guten Eindruck. Aus Sicht zweier Ratsuchender könnte das Kursange-bot der BA jedoch verbessert bzw. optimiert werden. Sie regen das Angebot eines Kurses „Business-Deutsch" und zeitliche Straffungen/Kürzungen im Bereich der Computerkurse an. Genauere Informationen mit Blick auf die Arbeitssuche wünschen sich drei der Ratsu-chenden. Ebenfalls drei Migranten regen an, dass in den Beratungsgesprächen Hochdeutsch und kein Dialekt gesprochen werden sollte. Knapp die Hälfte der Ratsuchenden (48%) er-achtet Verbesserungen in der Beratung für nicht notwendig.

Erkenntnisse aus dieser Gegenüberstellung

Die Gegenüberstellung von vermuteten und tatsächlichen Wünschen zeigt, dass vor allem aus Sicht der Vermittlungsfachkräfte der BA die Integration in den Arbeitsmarkt aber auch die Unterstützung der Ratsuchenden als dringlichste Wünsche angesehen werden. Hiermit liegen die Berater sicherlich nicht falsch, jedoch ist zu beachten, dass über 40% der befrag-ten Migranten das Beratungsgespräch als nicht hilfreich empfunden haben, was vermuten lässt, dass ihnen relevante Informationen fehlen.[32] Diese Vermutung wird durch die positive Beurteilung der Informationsweitergabe (bspw. zu Weiterbildungsmaßnahmen) aber auch durch eine vorhandene Unsicherheit trotz geführter Beratungsgespräche gestützt. Obgleich die Integration in den Arbeitsmarkt sicherlich das angestrebte Ziel der Ratsuchenden dar-stellt, ist zu hinterfragen, ob sich die Ratsuchenden in erster Linie zunächst mehr Informati-onen von ihren Beratern wünschen. Weiterhin muss berücksichtigt werden, dass sich hinter der angestrebten Arbeitsmarktintegration der gesetzliche Auftrag der Vermittlungsfachkräf-te der Bundesagentur für Arbeit verbirgt. Es ist zu vermuten, dass in diesem Bereich eine (unbewusste) Projektion des eigenen Arbeitsauftrages auf den Ratsuchenden stattfindet. Ei-ne stärkere Kundenorientierung, unter der vor allem die externen Berater eine zügige und kompetente Beratung sowie verständliche Erklärungen verstehen, trägt ebenfalls zu einer gezielten Informationsweitergabe bei. Einig sind sich Berater der BA und externer Organi-sationen (rund 30%), dass sich die Ratsuchenden eine wertschätzende und empathische Be-ratungsfachkraft wünschen, was auch ein Viertel der befragten Migranten als expliziten Wunsch formuliert. Die Gegenüberstellung zeigt, dass die Berater mit ihrer Einschätzung tendenziell richtig liegen, die Relevanz der Informationsweitergabe aber eventuell unter-schätzen. Ob und inwiefern die Berater diesen Wünschen entgegenkommen können, mit welchen Grenzen sie konfrontiert sind und inwiefern sie Handlungsspielräume wahrnehmen und nutzen, wird im nachfolgenden Kapitel 4.5 näher beleuchtet.

---

[32] Der Wunsch, mehr Informationen von den Beratungsfachkräften zu erhalten, wurde in den qualitativen Interviews zwar nicht explizit erwähnt, konnte jedoch in einer quantitativen Studie nachgewiesen werden (noch unveröffentlich-tes Dokument).

4.5 Grenzen und Handlungsspielräume der eigenen Beratertätigkeit

Die von den befragten Beratern identifizierten Grenzen in ihrer Beratungstätigkeit können in institutionelle Grenzen und personale Grenzen sowie gesellschaftliche Grenzen differenziert werden. Nur fünf der 72 befragten Berater (6,9%) sehen sich nicht mit Grenzen in der Beratung von Migranten konfrontiert.

Institutionelle Grenzen

Institutionelle Grenzen werden in erster Linie in Form von Gesetzen, dem Vermittlungsvorrang sowie der Maxime „Hilfe zur Selbsthilfe" wahrgenommen (N=25; 35%). An zweiter Stelle bemängeln 18% der Vermittlungsfachkräfte, dass ihnen zu wenig Zeit für die Beratungsgespräche zur Verfügung steht. Gerade in Erstgesprächen werden meist vielfältige Problemlagen besprochen, die einen erhöhten Zeitaufwand bedingen. Knapp 14% sehen ihre Grenzen erreicht, wenn es um den Aufenthaltsstatus oder eine Arbeitsgenehmigung der Migranten geht. Liegt diese nicht vor, kann auch keine Vermittlung in den Arbeitsmarkt erfolgen. Auch die eigentliche Anerkennung der ausländischen Qualifikationen fällt nicht in den Zuständigkeitsbereich der Berater. Für acht Befragte stellt dies daher eine Grenze dar. Sechs Berater geben an, dass sie Grenzen bei der Mittelvergabe sehen. Budgetvorgaben müssen eingehalten und der Mitteleinsatz zudem gerechtfertigt werden. Zudem kann es vorkommen, dass für bestimmte Leistungen keine finanziellen Hilfen vorgesehen sind und den Beratungsfachkräften in diesen Fällen die Hände gebunden sind (N=4). Mit Blick auf eine Vermittlung in den Arbeitsmarkt können Berater nichts ausrichten, wenn die Grenzen durch diesen selbst gesetzt werden, beispielsweise durch den Mangel an entsprechenden Stellenangeboten (N=4). Je drei Befragte geben an, dass es an zielgruppenspezifischen Maßnahmen mangele und bestimmte Qualifikationen bzw. Umschulungen nicht gefördert werden können oder dürfen. Weiterhin werden als institutionelle Grenzen genannt:

- Zwangskontext der Beratung (N=2)
- Deutsch als Amtssprache (N=2)
- (An-)Weisungen des Jobcenters/Arbeitgebers (N=2)
- Zuerst Sprachkurs, dann Weiterbildung (N=2)
- Grenzen bei der Realisierung beruflicher Alternativen (gebunden an ausgeübten Beruf) (N=2)
- Ressortegoismen behindern zügige und klientenorientierte Beratung (N=1)
- Bürokratie (N=1)
- Zur Teilnahme an einem Integrationskurs kann nicht verpflichtet werden (N=1)
- Nur Verweis zu Sprachkursen möglich; Keine eigenen Angebote (N=1)
- Beschränkte Anzahl an Bildungsgutscheinen (N=1)

Personale Grenzen beim Berater

Zu den identifizierten eigenen Grenzen zählen für Berater ihr Mangel an Informationen und Kenntnissen (N=3) sowie ein zu gering ausgebautes Netzwerk (N=3). Für zwei Berater stellen die eigenen Werte und für einen Befragten (beidseitige) Vorurteile eine Grenze im Beratungsgespräch dar. Auch die Fremdsprachenkompetenz des Beraters (N=1) und die eigenen hohen Erwartungen (aufgrund des eigenen Migrationshintergrunds) (N=1) werden als Hindernisse wahrgenommen. Die Unterstützung mit Blick auf die Arbeitsmarktintegration ist für einen Befragten bei der Kontaktierung der Arbeitgeber erreicht, da selbst keine Kontakte zu Arbeitgebern vorhanden sind.

Personale Grenzen beim Ratsuchenden

Personale Grenzen der Ratsuchenden werden von über einem Viertel der Berater in den Sprachbarrieren bzw. dem Sprachniveau gesehen. Auch ein nicht anerkannter Abschluss oder eine zu geringe Qualifizierung stellen für vier Befragte ein unüberwindbares Hindernis in der Beratung dar. Für drei Berater sind Grenzen erreicht, wenn die Ratsuchenden nicht kooperativ oder motiviert sind. Barrieren können zudem durch kulturelle Unterschiede und die Religiosität der Migranten entstehen (N=3). Für je einen Befragten sind Grenzen erreicht, wenn (beidseitige) Vorurteile vorhanden sind, die Ratsuchenden persönliche bzw. psychologische Probleme haben oder mit dem Gesetz in Konflikt geraten sind. Eine Beratungsfachkraft gibt zudem an, dass die Kontaktaufnahme mit dem Arbeitgeber nicht mehr in ihren Zuständigkeitsbereich fällt. Dies müsse der Ratsuchende selbst in die Hand nehmen. Auffallend ist, dass die meisten der genannten Grenzen ebenfalls als Herausforderungen in der Beratung von Migranten identifiziert werden.

Handlungsspielräume

Im Rahmen des Einsatzes von Förderinstrumenten sehen einige der befragten Berater Handlungsspielräume. Deren Einsatz kann flexibel gestaltet (N=11) und individuell am Einzelfall ausgerichtet werden (N=8). Auch gebe es – bei einem erhöhten Bedarf – Spielräume im Bereich der Integrationskurse (N=2). Neun Befragte sehen Freiräume in ihrem Handeln, wenn die Ratsuchenden entsprechend motiviert sind. Die Integration in den Arbeitsmarkt kann durch die Berater aktiv unterstützt werden, indem sie den Arbeitgeber oder Träger direkt kontaktieren und somit die Hemmschwelle für den Kunden reduzieren (N=5), die Migranten zu Terminen begleiten (N=2), ihnen unterschiedliche Berufsperspektiven aufzeigen (N=2) oder Freiheiten bei Stellensuchläufen ausnutzen, indem nicht auf das „matching" geachtet wird (N=1). Eine enge Zusammenarbeit im Team (N=3), ein gutes Netzwerk (N=1) und die Möglichkeit der Teilnahme an Projekten (N=1) können ebenfalls dazu beitragen, besser auf die Bedürfnisse der Ratsuchenden einzugehen und Barrieren abzubauen. Auch die Bereitschaft der Berater, Mehrarbeit in Kauf zu nehmen, mehr Zeit zu investieren oder die Kontaktdichte zu erhöhen (N=3) kann einen Handlungsspielraum darstellen, der zudem einen positiven Effekt auf das Verhältnis zwischen Beratungsfachkraft und Ratsuchendem haben kann. Eine gewisse Freiheit hinsichtlich der inhaltlichen Gestaltung der Beratungsgespräche (N=2) sowie ein ausbleibender Termindruck (N=1) können den Wünschen der Ratsuchenden ebenfalls dienlich sein, sind aber wahrscheinlich eher in externen Beratungseinrichtungen gegeben. Während drei Berater der festen Überzeugung sind, dass man immer einen Weg findet, zu helfen, wenn man möchte, geben zwei Berater an, dass sie keine Handlungsspielräume sehen: „[...] es ist klar vorgegeben, was ich machen darf und was nicht [...]" (Interview Nr.59).

Aus den Antworten der Vermittlungsfachkräfte der BA wird ersichtlich, dass sie auf der einen Seite einer beratenden Tätigkeit nachgehen, auf der anderen Seite aber durch institutionelle und gesetzliche Vorgaben stark in ihrem Verhalten gesteuert werden. Sie befinden sich in einer Rollenambiguität, da sie „häufig mit einem doppelten Mandat belegt [sind], das einerseits die förderliche Unterstützung des Ratsuchenden beinhaltet, andererseits spezifische Belange des Gesetzgebers und der Organisation transportiert, die nicht zwangsläufig im Interesse des Kunden stehen" (Göckler, 2009, S. 207 f.). Nicht zuletzt auch aufgrund dieser Rollenambiguität der Vermittlungsfachkräfte scheint es erforderlich, dass diese im Bereich der kultursensiblen Beratung die Möglichkeit der Schulung erhalten.[33]

4.6 Migrationsspezifische Beratung aus unterschiedlichen Perspektiven – Zusammenfassung

Die Befragung von Beratern aus unterschiedlichen Einrichtungen hat gezeigt, dass in der Beratung von Migranten vielfältige Herausforderungen – sowohl für die Beratungsfachkräfte als auch für die Ratsuchenden – zu bewältigen sind. Analysiert wurden neben den Herausforderungen einer migrationsspezifischen Beratung (Kap. 4.2) auch die Informationsvermittlung und Netzwerkarbeit der Berater (Kap. 4.3) sowie die Themen der Beratung und Wünsche der Ratsuchenden (Kap. 4.4). Die qualitativen Interviews verdeutlichen, dass vor allem die Themen (1) Sprache, (2) Qualifikation und Anerkennung, (3) Kultur und Religion, (4) Wissensnachteile, (5) Ängste sowie (6) Finanzen einen großen Stellenwert in der migrationsspezifischen Beratung besitzen. Die gewonnenen Erkenntnisse werden nachfolgend anhand dieser Themen zusammenfassend erläutert.

(1) Sprachkenntnisse

Sprachkenntnisse werden durch alle Kategorien hinweg seitens der Berater als relevante Faktoren identifiziert. Dabei werden die Sprachkenntnisse sowohl als größte Herausforderung innerhalb der Beratung angesehen als auch als größtes Problem, um erfolgreich in den Arbeitsmarkt integriert zu werden. Aus Sicht der Berater stellt die Sprache zudem eines der wichtigsten Themen in der Beratung dar (Rang 2). Dem entspricht, dass vorwiegend Informationen über Bildungsträger und Sprachkurse an die Migranten weitergeleitet werden

---

[33] Die Thematik einer migrationsspezifischen Weiterbildung und die Auseinandersetzung mit für Berater relevanten Schulungsinhalten wird in einem späteren Artikel aufgegriffen werden.

(Rang 1). Die Berater sind der Überzeugung, dass Migranten ihre Chancen auf die Integration in den Arbeitsmarkt erhöhen können, wenn sie sich (mehr) Kenntnisse der deutschen Sprache aneignen (Rang 1). Folglich werden auch externe Netzwerkpartner vor allem in Bezug auf die Sprachkenntnisse genannt – gerade auch unter dem Aspekt, dass Sprachschwierigkeiten innerhalb der Beratung aufgetreten sind (Rang 1). Im Bereich der Netzwerkarbeit können deutliche Unterschiede zwischen den Beratern der Bundesagentur für Arbeit und externen Beratern festgestellt werden: Während BA-Berater sprachliche Netzwerkpartner an erster Stelle nennen, rangieren diese bei externen Beratern auf Platz 3. Zudem verlassen sich BA-Berater häufig auch auf die Netzwerke der Migranten (eigene Dolmetscher) und verweisen an externe Netzwerkpartner (Verweisberatung). Unter den externen Beratern findet hingegen mehrheitlich eine Nutzung der eigenen Kompetenzen oder der Kenntnisse von Kollegen statt. Obgleich das Thema „Sprache" einen hohen Stellenwert innerhalb der Beratung einnimmt, sind die Berater der Ansicht, dass der Wunsch nach sprachlicher Weiterbildung bei ihren Ratsuchenden nicht allzu hoch priorisiert wird.

Die Befragung der Ratsuchenden zeigt, dass diese der „Sprache" tatsächlich eine eher untergeordnete Rolle beimessen. Laut eigenen Aussagen stellt die Teilnahme an einem Sprachkurs nur für vier der befragten Migranten ein wichtiges Anliegen im Beratungsprozess dar. Über Verständigungsschwierigkeiten innerhalb der Beratung äußerten sich ebenfalls nur sehr wenige Migranten, die angaben, ihr Berater hätte nicht hochdeutsch gesprochen. Die Ergebnisse zeigen folglich ein Spannungsfeld zwischen der – aus Beraterperspektive – hohen Priorität der Sprachkenntnisse für die Integration in den Arbeitsmarkt und der scheinbar niedrigen Relevanz dieses Themas für die Ratsuchenden selbst auf. Es ist zu klären, ob die Einschätzung der Relevanz des Themas „Sprache" seitens der Berater überinterpretiert wird oder ob die Ratsuchenden diesem Thema zu wenig Aufmerksamkeit widmen. Festzuhalten bleibt, dass alle Berater – sowohl BA-Berater als auch Berater externer Einrichtungen – der Sprache eine große Bedeutung bei der Integration in den Arbeitsmarkt beimessen und sich ihre Einschätzungen nur in wenigen Kategorien voneinander unterscheiden.[34]

(2) Qualifikation und Anerkennung

Die Qualifikation der Ratsuchenden sowie die Anerkennung der ausländischen Berufs- und Bildungsabschlüsse werden sowohl von BA-Beratern als auch externen Beratern als großes Problem mit Blick auf die Integration in den Arbeitsmarkt angesehen (Rang 2). Um die Integrationschancen zu verbessern, sollten die Migranten aus Sicht der Berater ihre Qualifikationen erhöhen, bzw. eine Anerkennung der mitgebrachten Qualifikationen initiieren (Rang 4). Die Relevanz dieses Themas spiegelt sich auch in den genannten Netzwerkpartnern wider: Vor allem Stellen der Arbeitsmarktberatung und Anerkennungsberatung werden sehr häufig als Netzwerkpartner genannt (Rang 2). Auch externe Partner zur Anerkennung ausländischer Bildungsabschlüsse rangieren auf einem der vorderen Plätze (Rang 3). Bei den

---

[34] Die Ergebnisse zum Komplex „Sprache" sind in Tabelle Tab_A10 in Anhang A6 dargestellt.

Netzwerkpartnern können deutliche Unterschiede zwischen den Beratern der BA und externen Beratern festgestellt werden. Während für externe Berater die wichtigsten Netzwerkpartner die Anerkennungsstellen darstellen (Rang 1), rangieren diese bei BA-Beratern auf Platz 3. Informationen zur Anerkennung werden von allen Beratern gleichermaßen an die Migranten weitergeleitet (Rang 3).

Obgleich das Thema „Qualifikation und Anerkennung" einen recht hohen Stellenwert innerhalb der Beratung einnimmt und für die Integration in den Arbeitsmarkt von großer Bedeutung ist, sind die Berater der Ansicht, dass der Wunsch nach Weiterbildung oder Umschulung von ihren Ratsuchenden nicht so hoch priorisiert wird (Rang 5). Die Befragung der Ratsuchenden zeigt, dass das Thema Weiterbildung lediglich für 20% ein wichtiges Anliegen in der Beratung darstellt. Die Anerkennung wird hingegen von zehn Ratsuchenden (40%) als wichtiges Anliegen genannt und ebenso viele möchten zügig eine Arbeit finden. Festzuhalten bleibt, dass alle Berater – sowohl BA-Berater als auch Berater externer Einrichtungen – der Qualifikation der Migranten und der Anerkennung ausländischer Berufs- und Bildungsabschlüsse eine große Bedeutung bei der Integration in den Arbeitsmarkt beimessen. Ein großer Unterschied zwischen BA-Beratern und Beratern externer Einrichtungen kann bei den Beratungsthemen festgestellt werden. Während externe Berater das Thema Anerkennung als häufigstes Beratungsanliegen nennen (Rang 1), liegt dieses bei BA-Beratern lediglich auf Rang 5. Dieser Unterschied lässt sich einerseits darauf zurückführen, dass eine Beratung zum Thema Anerkennung nicht dem primären Auftrag der BA-Berater entspricht. Andererseits führen die meisten der befragten externen Beratungsstellen hauptsächlich Anerkennungsberatungen durch. Mit Ausnahme der Beratungsthemen unterscheiden sich die Einschätzungen von BA-Beratern und externen Beratern nur wenig voneinander.[35]

(3) Kultur und Religion

Nach der Sprache scheinen für die meisten Berater kulturelle Unterschiede und religiöse Aspekte Herausforderungen in der Beratung von Migranten darzustellen (Rang 2). Hierbei können jedoch große Unterschiede zwischen den BA-Beratern und externen Beratern festgestellt werden: Während die Kultur/Religion der Ratsuchenden von den BA-Beratern als eine große Herausforderung wahrgenommen wird (Rang 2), scheint dies für externe Berater nicht der Fall zu sein (Rang 5). Es ist davon auszugehen, dass eine starke Fokussierung auf die Unterschiede der Kulturen und religiösen Einstellungen bei einigen Beratern zu einer Kulturbefangenheit führt (vgl. auch do Mar Castro Varela, 2009, S. 162). Bestärkt wird diese Vermutung durch die Tatsache, dass lediglich zwei BA-Berater angaben, dass Vorurteile eher auf Seiten der Deutschen vorhanden sind und sie ihre eigenen Vorurteile überwinden, bzw. ihre kulturellen Vorstellungen reflektieren müssen.

Dieses Ergebnis spiegelt sich auch in den Einschätzungen hinsichtlich der Integrationsprobleme in den Arbeitsmarkt wider. Aus Sicht der BA-Berater besitzen kulturelle und religiöse

---

[35] Die Ergebnisse zum Komplex „Qualifikation und Anerkennung" sind in Tabelle Tab_A11 in Anhang A6 dargestellt.

Aspekte eine mittlere Relevanz auf die Arbeitsmarktintegration (Rang 4), für externe Berater spielen diese Faktoren eine eher untergeordnete Rolle (Rang 6). Einig sind sich die Berater hingegen darin, dass sich Migranten integrationswillig zeigen müssen, um ihre Integrationschancen zu erhöhen. Mit Blick auf die Wünsche der Ratsuchenden ergeben sich weitere Unterschiede zwischen Beratern der BA und externen Beratern: Während BA-Berater der Meinung sind, Migranten wünschen sich, dass ihnen vorurteilsfrei begegnet wird und dass ihre Kultur in der Beratung Berücksichtigung findet, nennen externe Berater diese Wünsche nicht.[36]

(4) Wissensnachteile

Wissensdefizite der Ratsuchenden und die sich hieraus ergebenden Nachteile scheinen für einen Teil der Berater keine großen Herausforderungen in ihrer Beratungspraxis darzustellen – zumindest nicht für BA-Berater (Rang 6). Externe Berater hingegen sehen in diesen nach der „Sprache" die größten Herausforderungen in der Beratung von Migranten (Rang 2). Dieses Ergebnis spiegelt sich auch bei der Einschätzung der Integrationschancen in den Arbeitsmarkt wider. Während Berater externer Einrichtungen in den Wissensnachteilen der Ratsuchenden einen Risikofaktor der Arbeitsmarktintegration sehen (Rang 3 der Integrationsprobleme), messen die Berater der BA diesen keinen allzu hohen Stellenwert bei (Rang 6 der Integrationsprobleme).

Um diesen Wissensnachteilen zu begegnen, leiten die Berater Informationen an ihre Ratsuchenden weiter. Während mit Blick auf die Relevanz von Informationen über Sprachkurse und Beratungsstellen kaum Unterschiede festzustellen sind, ist zu erkennen, dass externe Berater vor allem allgemeine Informationen wie Broschüren, Willkommensunterlagen, Checklisten und Adressen von Netzwerkpartnern weiterleiten (Rang 1). Bei BA-Beratern rangiert die allgemeine Informationsweitergabe auf dem vorletzten Platz, gefolgt von gar keiner Informationsweitergabe. Eine Option, die von keinem der externen Berater genannt wurde.

Auch im Hinblick auf die Wünsche der Ratsuchenden ergeben sich Unterschiede in der Beurteilung der BA-Berater und externen Berater. Während aus Sicht der BA-Berater Unterstützungsbedarfe die dringlichsten Anliegen der Migranten darstellen (Rang 1), wird dem Wunsch nach Informationen hingegen kaum Relevanz beigemessen (Rang 8). Berater externer Einrichtungen sehen hingegen sowohl in den Unterstützungsbedarfen (Rang 3) als auch in der Informationsweitergabe (Rang 3) wichtige Themen ihrer Ratsuchenden. Die Ergebnisse der Befragung der Ratsuchenden zeigen, dass gerade die Informationsweitergabe von den Migranten als sehr positiv erlebt wird (vgl. Kapitel 4.3.1). Eine umfassende Informationsweitergabe aufgrund potenziell vorhandener Wissensdefizite ist daher dringend erforderlich.

Die Einschätzungen externer Berater sowie die Ergebnisse der Studie von Kohn (2011) zu Wissensnachteilen legen die Vermutung nahe, dass vor allem von BA-Beratern die Wis-

---

[36] Die Ergebnisse zum Themenkomplex „Kultur und Religion" sind in Tabelle Tab_A12 in Anhang A6 dargestellt.

sensdefizite an sich, aber auch die sich daraus ergebenden Folgen für die Integration in den Arbeitsmarkt systematisch unterschätzt werden.[37]

(5) Ängste

Ängste der Ratsuchenden werden von knapp der Hälfte aller befragten Berater als Herausforderung der Beratung genannt und rangieren sowohl bei BA-Beratern als auch bei Beratern externer Einrichtungen auf den vorderen Rängen. Diese Ängste können unter anderem durch erfahrene Vorurteile hervorgerufen werden, die aus Sicht der Berater wiederum eine Integration in den Arbeitsmarkt erschweren können. Die Analyse der Ängste und Unsicherheiten hat jedoch auch Unstimmigkeiten in den Aussagen der Berater aufgezeigt. Obwohl über 40% der Berater die erfahrenen Vorurteile als Hinderungsgrund einer erfolgreichen Arbeitsmarktintegration ansehen, wird dieser Aspekt bei der expliziten Frage nach den Ängsten und Unsicherheiten der Ratsuchenden von nur einem Berater genannt. Die Angst vor Vorurteilen rangiert somit bei der Analyse der Ängste und Unsicherheiten von Migranten auf dem letzten Platz. Gleiches gilt für Ängste aufgrund schlechter Erfahrungen.[38]

(6) Finanzen

Finanzielle Aspekte der Anerkennung sind laut Aussagen externer Berater für die potenziellen Antragsteller grundsätzlich ein wichtiges Thema. Dies sehen viele BA-Berater genauso, jedoch sind auch etliche der Meinung, dass die Kosten des Anerkennungsverfahrens für die Ratsuchenden entweder gar keine Rolle spielen (Rang 1) oder zumindest für deren Entscheidung über die Durchführung eines Anerkennungsverfahrens nicht ausschlaggebend sind (Rang 3).[39] Die Aussagen einiger Berater der Arbeitsagenturen und Jobcenter lassen vermuten, dass diese ein aktives Nachfragen seitens ihrer Ratsuchenden mit Blick auf eine finanzielle Unterstützung erwarten oder im Umkehrschluss davon ausgehen, dass dieses Thema für die Migranten nicht relevant ist, da sie nicht explizit danach fragen.

Die Einschätzungen der BA-Berater hinsichtlich der Kostenrelevanz eines Anerkennungsverfahrens verwundern – nicht zuletzt aufgrund der Tatsache – da die Information über das Anerkennungsverfahren an dritter Stelle genannt wird und somit eines der wichtigsten Themen im Rahmen der Informationspolitik darstellt.

---

[37] Die Ergebnisse zum Themenkomplex „Wissensnachteile" sind in Tabelle Tab_A13 in Anhang A6 dargestellt.
[38] Vgl. Tabelle Tab_A6 in Anhang A4.
[39] Die Ergebnisse zum Themenkomplex „Wissensnachteile" sind in Tabelle 4 in Kapitel 4.3.1 dargestellt.

5 Fazit und Ausblick

Die qualitative Analyse der Beratung von Migranten hat gezeigt, dass:

- Berater der Sprache die größte Bedeutung in der Beratung beigemessen,
- mangelnde Sprachkenntnisse und Qualifikationen sowie nicht anerkannte Abschlüsse aus Sicht der Berater Hindernisse bei der Arbeitsmarktintegration darstellen,
- nach Beratermeinung Ratsuchende ihre Chancen auf eine Integration in den Arbeitsmarkt durch die Steigerung ihrer personalen Eigenschaften wie den Integrationswillen, die Arbeitseigenschaften und den Arbeitswillen erhöhen können,
- kulturelle und religiöse Aspekte vor allem für Berater der BA eine große Herausforderung in ihrer Beratung, aber weniger für die Arbeitsmarktintegration darstellen,
- Wissensdefizite und der Stellenwert von Informationen für Migranten tendenziell unterschätzt werden,
- BA-Berater reine Verweisberatung und weniger echte Netzwerkarbeit betreiben und
- zwar zur Anerkennung, aber oft nicht zu den Möglichkeiten einer finanziellen Unterstützung beraten wird,
- sprachliche Aspekte für die Ratsuchenden eher eine untergeordnete Rolle spielen,
- die Versorgung mit Informationen für Ratsuchende von großer Bedeutung ist,
- sich ein Viertel der befragten Migranten einen einfühlsameren Berater wünscht,
- sich die meisten Migranten in der Beratung zwar wohlfühlen, aber
- 40% diese als nicht hilfreich empfinden.

Aufgrund der Ergebnisse erscheinen eine gezielte Wissensvermittlung bezogen auf Themen rund um die Anerkennung ausländischer Qualifikationen sowie die Auseinandersetzung mit der eigenen kulturellen Identität angebracht. Gerade im interkulturellen Kontext ist es wichtig, das Verhalten einer Person nicht unreflektiert der Kultur zuzuschreiben. Kalpaka betont, dass "dieses Tun […] oft durch verschiedene Formen der Diskriminierung bestimmt [ist], was sich allerdings der Wahrnehmung der Beraterinnen manchmal entzieht" (Kalpaka, 2004, S. 40). In einer weiterführenden Analyse soll daher herausgearbeitet werden, welche Beratungsangebote zur interkulturellen Kompetenz die Berater bereits in Anspruch genommen haben und welche Inhalte aus ihrer Sicht notwendigerweise in einer solchen Schulung enthalten sein sollten. Grundsätzlich wird der Fokus dabei weniger auf der Betonung von Unterschiedlichkeiten liegen (Migranten denken und handeln anders), als vielmehr die eigene kulturelle Prägung und vorherrschenden Kulturstandards zu reflektieren (vgl. Franzke & Shvaikovska, 2014). Die Wahl eines solchen Ansatzes wird auch durch die qualitativen Ergebnisse der vorliegenden Studie gestützt, in der einige Berater Schwierigkeiten in der „kulturellen Begegnung" mit Migranten erlebt haben. Problematisch hieran ist, dass diese erlebten Schwierigkeiten tendenziell der Person oder Kultur des Gegenübers zugeschrieben werden – also kulturalisiert bzw. personalisiert werden – ohne den persönlichen Eigenanteil darin zu erkennen oder zu reflektieren. Neben speziellen Schulung von Beratern im SGB III

© Springer Fachmedien Wiesbaden GmbH, ein Teil von Springer Nature 2014
E. M. Brüning und T. Ayan, *Beratung von Migrantinnen und Migranten: Herausforderungen, Unterstützungsbedarfe, kulturelle Begegnungen*,
Edition KWV, https://doi.org/10.1007/978-3-658-24674-7_5

und SGB II Rechtskreis wird von Kempkens (2014, S. 56 f.) grundsätzlich angemerkt, dass Arbeitsvermittler nicht ausreichend als Berater für berufliche Bildung ausgebildet sind. Dies wird u. a. einem hohen Anteil an Quereinsteigern innerhalb der BA seit 2005 zugeschrieben. Auch in der vorliegenden Studie ist der Anteil an Quereinsteigern zu betonen. Kurze on-the-job-trainings werden zukünftig nicht ausreichen, um den Anforderungen eines mobilen Europas gerecht zu werden.

Die Informationsweitergabe ist gerade für Ratsuchende mit Migrationshintergrund sehr wichtig, um vorhandene Wissensdefizite abzubauen. Dennoch sollte es in der Beratung selbst – auch wenn diese in einem Zwangskontext stattfindet – nicht ausschließlich um eine reine Informationsweitergabe gehen. So erläutert Göckler (2009, S. 208), dass „zahlreiche gesetzliche Vorschriften des Sozialgesetzbuches [...] oftmals eher im Kontext einer individualisierten (Sozial-)Beratung stehen als in einer reinen Informationsberatung über Rechte und Pflichten." Für ihn kann eine Beratung zudem nur dann erfolgreich sein, wenn sich die Kunden auf die Beratung einlassen und „die Beratungsfachkräfte zunächst bereit sind, die Situation der Kunden zu reflektieren, unabhängig von späteren Unterstützungsmöglichkeiten und rechtlichen bzw. organisatorischen Vorgaben (Göckler, 2009, S. 208). Ein derartiges Vorgehen könnte sich zudem positiv auf die Arbeitsatmosphäre auswirken und den Ängsten und Vorbehalten der Ratsuchenden mit Migrationshintergrund entgegenwirken. Zudem sollten sich die Beratungsfachkräfte bewusst sein, dass eine defizitäre Sicht auf einen Ratsuchenden mit Migrationshintergrund die eigenen Handlungsoptionen und -Spielräume geringer erscheinen lässt als sie tatsächlich sind (vgl. Gaitanides, 2007, S. 321).

Die Analyse der Netzwerkarbeit hat gezeigt, dass vor allem Berater der Bundesagentur für Arbeit kaum echte Netzwerkarbeit betreiben. Hierdurch entfallen jedoch auch die Möglichkeiten, die Arbeit der Agenturen und Jobcenter anderen beratenden Stellen zu vermitteln und Einblicke in diese zu gewähren. Für externe Einrichtungen wären solche Einblicke jedoch von großer Relevanz, da sie ihre Ratsuchenden dadurch besser über die Arbeit der BA aufklären und auf ein dortiges Gespräch vorbereiten könnten. Durch eine engere Zusammenarbeit zwischen den Beratern unterschiedlicher Institutionen und einen persönlichen Kontakt, könnten zudem auch mögliche Vorbehalte oder Missverständnisse auf Seiten der Berater abgebaut werden.

Dass die sprachlichen Fähigkeiten der Ratsuchenden sowohl eine Herausforderung in der Beratung als auch für die Integration in den Arbeitsmarkt darstellen, betont die Mehrheit der befragten Berater. Umso unverständlicher erschienen die Meldungen zum Bewilligungsstopp einer Finanzierung von Deutschkursen für Migranten. Es handelte sich hierbei um eine ESF-Förderung für den Zeitraum 2007 bis 2013, die ursprünglich bereits Ende Dezember 2013 ausgelaufen wäre. Aufgrund eines ungebrochenen Interesses „an den vom Bundesamt für Migration und Flüchtlinge (BAMF) im Auftrag des Bundesministeriums für Arbeit und Soziales (BMAS) angebotenen berufsbezogenen Sprachkursen" und intensiven Bemühungen seitens des BMAS ist es gelungen, zusätzliche ESF-Mittel „für die Fortführung des Programms bis zum 31. Dezember 2014 bereitzustellen" (Bundesamt für Migration und Flüchtlinge, 2014). Im Jahr 2015 wird es ein ESF-finanziertes Nachfolgeprogramm geben.

Literaturverzeichnis

Afentakis, A. & Maier, T. (2010). Projektionen des Personalbedarfs und -angebots in Pflegeberufen bis 2025. *Wirtschaft und Statistik, 11,* 990-1002.

Anger, C., Erdmann, V., Plünneke, A. & Riesen, I. (2010). Integrationsrenditen. Volkswirtschaftliche Effekte einer besseren Integration von Migranten. *IW-Analysen, Nr. 66.* Köln.

Antor, H. (2007). Inter-, multi- und transkulturelle Kompetenz. Bildungsfaktor im Zeitalter der Globalisierung. In H. Antor (Hrsg.): *Fremde Kulturen verstehen - fremde Kulturen lehren. Theorie und Praxis der Vermittlung interkultureller Kompetenz* (111-126). Heidelberg: Universitätsverlag Winter.

Atteslander, P. (2010). *Methoden der empirischen Sozialforschung* (13. Aufl.). Berlin: Erich Schmidt Verlag.

Auernheimer, G. (2010a). Interkulturelle Kommunikation und Kompetenz. Zugriff am 24.02.2014 unter: www.georg-auernheimer.de/downloads/Interkult.%20Kompetenz.pdf

Auernheimer, G. (2010b). Interkulturelle Kommunikation, mehrdimensional betrachtet, mit Konsequenzen für das Verständnis von interkultureller Kompetenz. In G. Auernheimer (Hrsg.): *Interkulturelle Kompetenz und pädagogische Professionalität* (3. Aufl.), (35-65). Wiesbaden: VS Verlag für Sozialwissenschaften.

Baas, T. (2010). Mehr oder minder - Wer kommt nach Öffnung der Arbeitsmärkte? In Institut für Arbeitsmarkt-und Berufsforschung (IAB) der Bundesagentur für Arbeit (Hrsg.): *Balanceakt. Zuwanderung steuern, Integration fördern.* IAB-Forum, 2, 12-17.

Baas, T. & Brücker, H. (2011). Arbeitnehmerfreizügigkeit zum 1. Mai 2011. Mehr Chancen als Risiken für Deutschland. *IAB-Kurzbericht, 10.* Nürnberg.

Bahrenberg, R. (2002). *Beratungsrelevante Einstellungen, Grundhaltungen und Gesprächstechniken.* Nürnberg: Bundesanstalt für Arbeit.

Borrmann, C., Jungnickel, R. & Keller, D. (2007). Standort Deutschland. Abgeschlagen im Wettbewerb um Hochqualifizierte?. *Wirtschaftsdienst, 2,* 127-134.

Börsch-Supan, A. & Wilke, C.B. (2009). Zur mittel- und langfristigen Entwicklung der Erwerbstätigkeit in Deutschland. *Zeitschrift für Arbeitsmarktforschung, 1,* 29-48.

Bortz, J. & Döring, N. (2009). *Forschungsmethoden und Evaluation. Für Human- und Sozialwissenschaftler* (4. Aufl.). Heidelberg: Springer.

Brücker, H. (2009). Arbeitsmarktwirkungen der Migration. *Aus Politik und Zeitgeschichte, 44,* 6-12.

Brücker, H. (2010). Brain Gain oder Brain Drain - Deutschland und Europa fallen im Wettbewerb um die besten Köpfe zurück. In Institut für Arbeitsmarkt-und Berufsforschung (IAB) der Bundesagentur für Arbeit (Hrsg.): *Balanceakt. Zuwanderung steuern, Integration fördern*. IAB-Forum, 2, 4-11. Nürnberg.

Bundesagentur für Arbeit (Hrsg.) (2011). *Der Arbeitsmarkt in Deutschland - Arbeitsmarktberichterstattung. Gesundheits- und Pflegeberufe*. Nürnberg.

Bundesregierung, Die (2011). *Nationaler Aktionsplan Integration. Zusammenhalt stärken - Teilhabe verwirklichen*. Berlin.

Danzer, A.M. & Yamam, F. (2010). Immigranten in Deutschland. Ethnische Enklaven schwächen die Sprachkompetenz, mehr Bildung verstärkt sie. *IAB-Kurzbericht, 17*. Nürnberg.

Dietrich, G. (1991). *Allgemeine Beratungspsychologie. Eine Einführung in die psychologische Theorie und Praxis der Beratung* (2. Aufl.). Göttingen: Hogrefe.

do Mar Castro Varela, M. (2009). Interkulturelle Kompetenz, Integration und Ausgrenzung. In M. Otten, A. Scheitza & A. Cnyrim (Hrsg.): *Interkulturelle Kompetenz im Wandel. Band 1: Grundlegungen, Konzepte und Diskurse* (155-170). Berlin: LIT-Verlag.

Eimmermacher, H. (2004). Netzwerkarbeit. In J. v. Radice Wogau, H. Eimmermacher & A. Lanfranchi (Hrsg.): *Therapie und Beratung von Migranten. Systemisch-interkulturell denken und handeln* (65-78). Weinheim: Beltz PVU.

Englmann, B. & Müller, M. (2007). *Brain Waste - Die Anerkennung von ausländischen Qualifikationen in Deutschland*. Augsburg.

Englmann, B. & Müller-Wacker, M. (2010). *Analyse der bundesweiten Anerkennungsberatung im Modellprojekt Global Competences. Dokumentation 2008-2009*. Herausgegeben von Tür an Tür Integrationsprojekte gGmbH. Integration durch Qualifizierung (IQ). Augsburg.

Ertelt, B.-J. (2002). Aspekte multikultureller Beratungskompetenz. *ibv - Informationen für die Beratungs- und Vermittlungsdienste der Bundesanstalt für Arbeit, 19*, 1559–1572.

Ertelt, B.-J. & Schulz, W.E. (2008). *Handbuch Beratungskompetenz. Mit Übungen zur Entwicklung von Beratungsfähigkeiten in Bildung und Beruf* (2. Aufl.). Leonberg: Rosenberger Fachverlag.

Facharbeitskreis „Beratung" vom Netzwerk „Integration durch Qualifizierung" (Hrsg.) (2010). *Migrationsspezifische beschäftigungsorientierte Beratung. Praxishandreichung*. Berlin.

Färber, C., Arslan, N., Köhnen, M. & Parlar, R. (2008). *Migration, Geschlecht und Arbeit. Probleme und Potenziale von Migrantinnen auf dem Arbeitsmarkt*. Opladen & Farmington Hills: Budrich UniPress Ltd.

Fischer, V. (2009). Gesellschaftliche Rahmenbedingungen für die Entwicklung migrationsbedingter Qualifikationserfordernisse. In V. Fischer, M. Springer & I. Zacharaki

(Hrsg.): *Interkulturelle Kompetenz. Fortbildung – Transfer – Organisationsentwicklung* (3. Aufl.), (11-30). Schwalbach/Ts.: Wochenschau-Verlag.

Franken, S. (2011). Stille Reserve. *Personal, 05/2011,* 10-12.

Franzke, B. & Shvaikovska, V. (2014). Interkulturelle Kommunikation und migrationssensible Hilfe. Training von >>critical incidents<< in der beschäftigungsorientierten Beratung. *Blätter der Wohlfahrtspflege, 2/2014,* 62-65.

Fuchs, J., Söhnlein, D. & Weber, B. (2011). Projektion des Arbeitskräfteangebots bis 2050. Rückgang und Alterung sind nicht mehr aufzuhalten. *IAB-Kurzbericht, 16.* Nürnberg.

Gaitanides, S. (2007). Interkulturelle Kompetenz in der Beratung. In F. Nestmann, F. Engel & U. Sickendiek (Hrsg.): *Das Handbuch der Beratung. Band 1. Disziplinen und Zugänge* (2. Aufl.), (313-326). Tübingen: Dgvt-Verlag.

Göckler, R. (2009). *Beratung im Sanktionskontext. Sanktionsgespräche in der Grundsicherung für Arbeitsuchende. Theorie und Praxis der Umsetzung.* Tübingen: Dgvt-Verlag.

Gumperz, J.J. (1982). *Discourse Strategies.* Cambridge: Cambridge University Press.

Gumperz, J.J., Jupp, T. & Roberts, C. (Hrsg.) (1979). *Crosstalk. A Study of Corsscultural Communication.* London.

Haug, S. (2008). Sprachliche Integration von Migranten in Deutschland. Integrationsreport Teil 2. In Bundesamt für Migration und Flüchtlinge (Hrsg.): *Working Paper der Forschungsgruppe des Bundesamtes, 14.* Nürnberg.

Hegemann, T. (2002). Interkulturelle Verständigung. Förderung – Vermittlung – Schulung. Modelle des Bayerischen Zentrums für Transkulturelle Medizin e.V. in München. In T. Hegemann & B. Lenk-Neumann (Hrsg.): *Interkulturelle Beratung. Grundlagen, Anwendungsbereiche und Kontexte in der psychosozialen und gesundheitlichen Versorgung.* (167-177). Berlin: VWB Verlag für Wissenschaft und Bildung.

Hegemann, T. (2004). Interkulturelle Kompetenz in Beratung und Therapie. In J. v. Radice Wogau, H. Eimmermacher & A. Lanfranchi (Hrsg.): *Therapie und Beratung von Migranten. Systemisch-interkulturell denken und handeln* (79-91). Weinheim: Beltz PVU.

Hielscher, V. & Ochs, P. (2009). *Arbeitslose als Kunden? Beratungsgespräche in der Arbeitsvermittlung zwischen Druck und Dialog.* Berlin: edition sigma.

Jakubeit, G. (2009). Interkulturelle Öffnung von Organisationen oder: Wie lassen sich Ansätze aus der Organisationsentwicklung und des Managements von Veränderungen für interkulturelle Kompetenz von Organisationen nutzen? In V. Fischer, M. Springer & I. Zacharaki (Hrsg.*): Interkulturelle Kompetenz. Fortbildung – Transfer – Organisationsentwicklung* (3. Aufl.), (237-254). Schwalbach/Ts.: Wochenschau-Verlag.

Jurczek, P. & Vollmer, M. (2008). Ausbildung und Migration in Ostmitteleuropa. *Aus Politik und Zeitgeschichte, 35-36,* 26-32.

Kalpaka, A. (2004). Umgang mit "Kultur" in der Beratung. In J. v. Radice Wogau, H. Eimmermacher & A. Lanfranchi (Hrsg.): *Therapie und Beratung von Migranten. Systemisch-interkulturell denken und handeln* (31-44). Weinheim: Beltz PVU.

Kempkens, K. (2014). SGB II-Bildungsberater gesucht. Die berufliche Bildungsberatung kommt in den Jobcentern zu kurz. *Blätter der Wohlfahrtspflege, 2/2014*, 55-58.

Knuth; M. & Brussig, M. (2010). Zugewanderte und ihre Nachkommen in Hartz IV. *Aus Politik und Zeitgeschichte*, 48, 26-32.

Kohn, K-H. P. (2011). *Migrationsspezifische beschäftigungsorientierte Beratung – spezifische Themen, spezifische Bedarfe. Ergebnisse einer Delphi-Breitband-Erhebung.* Herausgegeben von Facharbeitskreis "Beratung" vom Netzwerk "Integration durch Qualifizierung". Berlin.

Kolodziej, D. (2012). Fachkräftemangel in Deutschland. Statistiken, Studien und Strategien. In Deutscher Bundestag (Hrsg.): *Infobrief*, WD 6 - 3010-189/11.

Kumbruck, C. & Derboven, W. (2009). *Interkulturelles Training. Trainingsmanual zur Förderung interkultureller Kompetenz in der Arbeit* (2. Aufl.). Heidelberg: Springer.

Kunze, N. (2009a). Der Fremde in mir und im Anderen. In R. Oetker-Funk & A. Maurer (Hrsg.): *Interkulturelle psychologische Beratung. Entwicklung und Praxis eines migrantensensiblen Konzeptes. Erfahrungen eines multikulturellen Teams unter der Leitung von Norbert Kunze* (16-24). Norderstedt: Books on Demand GmbH.

Kunze, N. (2009b). Fremdheit als Barriere und als Möglichkeit in der Beratung. In R. Oetker-Funk & A. Maurer (Hrsg.): *Interkulturelle psychologische Beratung. Entwicklung und Praxis eines migrantensensiblen Konzeptes. Erfahrungen eines multikulturellen Teams unter der Leitung von Norbert Kunze* (25-34). Norderstedt: Books on Demand GmbH.

Kunze, N. (2009c). Sprache und Sprachlosigkeit in der interkulturellen psychotherapeutischen Beratungsarbeit. In R. Oetker-Funk & A. Maurer (Hrsg.): *Interkulturelle psychologische Beratung. Entwicklung und Praxis eines migrantensensiblen Konzeptes. Erfahrungen eines multikulturellen Teams unter der Leitung von Norbert Kunze* (67-72). Norderstedt: Books on Demand GmbH.

Lanfranchi, A. (2004). Migration und Integration. Gestaltung von Übergängen. In J. v. Radice Wogau, H. Eimmermacher & A. Lanfranchi (Hrsg.): *Therapie und Beratung von Migranten. Systemisch-interkulturell denken und handeln* (13-30). Weinheim: Beltz PVU.

Leenen, W.R., Groß, A. & Grosch, H. (2010). Interkulturelle Kompetenz in der Sozialen Arbeit. In G. Auernheimer (Hrsg.): *Interkulturelle Kompetenz und pädagogische Professionalität* (3. Aufl.), (101-123). Wiesbaden: VS Verlag für Sozialwissenschaften.

Maehler, D.B. (2012). Akkulturation und Identifikation bei eingebürgerten Migranten in Deutschland. *Internationale Hochschulschriften, Band 558.* Münster: Waxmann Verlag GmbH.

Maier, R.W. & Rupprecht, B. (2011). Der Regierungsentwurf des Anerkennungsgesetzes. *Zeitschrift für Ausländerrecht und Ausländerpolitik, 7,* 201-205.

Mattarei, N. (2002). Soziale Beratung in der Muttersprache. Unverzichtbarer Bestandteil der Integrationsarbeit. In T. Hegemann & B. Lenk-Neumann (Hrsg.): *Interkulturelle Beratung. Grundlagen, Anwendungsbereiche und Kontexte in der psychosozialen und gesundheitlichen Versorgung.* (99-106). Berlin: VWB Verlag für Wissenschaft und Bildung.

Mayring, P. (2001). Kombination und Integration qualitativer und quantitativer Analyse. *Forum Qualitative Sozialforschung, 2,* Art. 6.

Mecheril, P. (2007). Beratung: Interkulturell. In F. Nestmann, F. Engel & U. Sickendiek (Hrsg.): *Das Handbuch der Beratung. Band 1. Disziplinen und Zugänge* (2. Aufl.), (295-304). Tübingen: Dgvt-Verlag.

Meier-Braun, K.-H. (2013). Einleitung: Deutschland Einwanderungsland. In K.-H. Meier-Braun & R. Weber (Hrsg.): *Deutschland Einwanderungsland. Begriffe – Fakten – Kontroversen.* (15-27). Stuttgart: Kohlhammer.

Meißner, A. & Becker, F.G. (2007). Competition for Talents. *WiSt, 8,* 394-399.

MIGAZIN (Hrsg.) (2012). Schock Studie. Migranten fühlen sich in Ämtern und Behörden am häufigsten diskriminiert. Zugriff am 21.11.2013 unter http://www.migazin.de/2012/08/02/migranten-fuhlen-sich-in-amtern-und-behorden-am-haufigsten-diskriminiert/

Mihali, L., Müller, E.M. & Ayan, T. (2012). Erwerbsverläufe von Migrantinnen im Sozial- und Gesundheitswesen. Welche Implikationen ergeben sich für eine migrationsspezifische Beratung? *BIOS - Zeitschrift für Biographieforschung, Oral History und Lebensverlaufsanalysen, 2,* 228-242.

Moosmüller, A. (2009). Interkulturelle Kommunikation: quo vadis? In M. Otten, A. Scheitza & A. Cnyrim (Hrsg.): *Interkulturelle Kompetenz im Wandel. Band 1: Grundlegungen, Konzepte und Diskurse* (41-56). Berlin: LIT-Verlag.

Müller, E.M. & Ayan, T. (2013). Die Anerkennung im Ausland erworbener Qualifikationen im Sozial- und Gesundheitswesen. Eine hypothesengenerierende Pilotstudie unter Migranten. In T. Ayan (Hrsg.): *Einsteigen, Umsteigen, Aufsteigen. Personenbezogene und strukturelle Rahmenbedingungen für Berufe und Bildungschancen im Sozial- und Gesundheitssektor* (1-40). Köln: Kölner Wissenschaftsverlag.

Nestmann, F., Sickendiek, U. & Engel, F. (2007). Statt einer „Einführung“: Offene Fragen „guter Beratung“. In F. Nestmann, F. Engel & Sickendiek, U. (Hrsg.): *Das Handbuch* *der Beratung. Band 2. Ansätze, Methoden und Felder* (2. Aufl.), (599–608). Tübingen: Dgvt-Verlag.

Nußbeck, S. (2010). *Einführung in die Beratungspsychologie* (2. Aufl.). München: Reinhardt.

von Radice Wogau, J. (2004). Systemische Theorie in interkultureller Beratung und Therapie. In J. v. Radice Wogau, H. Eimmermacher & A. Lanfranchi (Hrsg.): *Therapie und Beratung von Migranten. Systemisch-interkulturell denken und handeln* (45-64). Weinheim: Beltz PVU.

Rechtien, W. (2004). *Beratung. Theorien, Modelle, Methoden* (2. Aufl.). München: Profil-Verlag.

Rost-Roth, M. (2002). Kommunikative Störungen in Beratungsgesprächen. Problempotentiale in inter- und intrakulturellen Gesprächskontexten. In R. Fiehler (Hrsg.): *Verständigungsprobleme und gestörte Kommunikation* (216-244). Radolfzell: Verlag für Gesprächsforschung.

Salman, R. & Hegemann, T. (2007). Interkulturelle Dimensionen in psychosozialer und medizinischer Praxis. In A. Thomas, S. Schroll-Machl & S. Kammhuber (Hrsg.): *Handbuch Interkulturelle Kommunikation und Kooperation. Band 2: Länder, Kulturen und interkulturelle Berufstätigkeit* (2. Aufl.), (332-361). Göttingen: Vandenhoeck & Ruprecht.

Scheitza, A. (2009). Interkulturelle Kompetenz. Forschungsansätze, Trends und Implikationen für interkulturelle Trainings. In M. Otten, A. Scheitza & A. Cnyrim (Hrsg.): *Interkulturelle Kompetenz im Wandel. Band 1: Grundlegungen, Konzepte und Diskurse* (91-113). Berlin: LIT-Verlag.

Schmidt, B. & Tippelt, R. (2006). Bildungsberatung für Migrantinnen und Migranten. *Report. Zeitschrift für Weiterbildungsforschung, 2*, 32-42.

Schnell, R., Hill, P.B. & Esser, E. (2013). *Methoden der empirischen Sozialforschung* (10. Aufl.). München: Oldenbourg.

Scholl, A. (2009). *Die Befragung* (2. Aufl.). Konstanz: UVK Verl.-Ges.

Schönpflug, U. (2007). Migration und Integration. In A. Thomas, S. Schroll-Machl, & S. Kammhuber (Hrsg.): *Handbuch Interkulturelle Kommunikation und Kooperation. Band 2: Länder, Kulturen und interkulturelle Berufstätigkeit* (2. Aufl.), (328-341). Göttingen: Vandenhoeck & Ruprecht.

Schulz, M. & Ruddat, M. (2012). "Let's talk about sex!". Über die Eignung von Telefoninterviews in der qualitativen Sozialforschung. *Forum Qualitative Sozialforschung, 3*, Art. 2.

Statistisches Bundesamt (Hrsg.) (2008). Klassifikation der Wirtschaftszweige. Mit Erläuterungen. Zugriff am 04-03-2014 unter https://www.destatis.de/DE/Methoden/Klassifi

kationen/GueterWirtschaftklassifikationen/klassifikationwz2008_erl.pdf?__blob=
publicationFile

Statistisches Bundesamt (2009). *12. koordinierte Bevölkerungsvorausberechnung. Annahmen und Ergebnisse.* Wiesbaden.

Steinhardt, M. Hönekopp, E., Bräuninger, M., Radu, D. & Straubhaar, T. (2005). *Effekte der Migrationssteuerung bei Erwerbstätigen durch das Zuwanderungsgesetz. Expertise im Auftrag des Bundesministerium des Innern.* Herausgegeben von Hamburgisches Weltwirtschaftsinstitut (HWWI). Hamburg.

Stegmann, S. & van Dick, R. (2013). Diversität ist gut, oder?. Die unterschiedlichen Arten, wie sich Menschen auf Vielfalt in Gruppen einlassen, und welche Effekte diese haben. *Report Psychologie, 4/2013,* 152-161.

Thomas, A. (2005). Kultur und Kulturstandards. In A. Thomas, E.-U. Kinast & S. Schroll-Machl (Hrsg.): *Handbuch Interkulturelle Kommunikation und Kooperation. Band 1. Grundlagen und Praxisfelder* (2. Aufl.), (19-31). Göttingen: Vandenhoeck Ruprecht.

Uhlendorf, H.& Prengel, A. (2010). Forschungsperspektiven quantitativer Methoden im Verhältnis zu qualitativen Methoden. In B. Friebertshäuser, A. Langer & A. Prengel (Hrsg.): *Handbuch qualitative Forschungsmethoden in der Erziehungswissenschaft* (3. Aufl.), (137-148). Weinheim & München: Juventa-Verlag.

Wilhelm, D. & Sickendiek, U. (2007). Interkulturelle Beratung. In A. Willner, F. Vadgy-Voß & M. Kröger (Hrsg.): *Vielfalt gestalten! Handbuch für Multiplikatoren von Migrantinnen und Migranten* (7-14). Hamburg: independent-gbr.

Willner, A. Vadgy-Voß, F. & Kröger, M. (2007). Beratung. Einleitung. In A. Willner, F. Vadgy-Voß & M. Kröger (Hrsg.): *Vielfalt gestalten! Handbuch für Multiplikatoren von Migrantinnen und Migranten* (5-6). Hamburg: independent-gbr.

Zentrale Auslands- und Fachvermittlung (ZAV) der Bundesagentur der Arbeit (Hrsg.) (2011). *Anerkennungsberatung der ZAV. Erfahrungsberichte 2009-2011.* Bonn.

Anhang

A1: Fragebögen

Tab_A1: Fragebogen für Berater.

Teil A: Zielgruppendefinition

1. Wie hoch ist der monatliche Anteil an MigrantInnen in Ihren Beratungsgesprächen (in Prozent)?
2. Wie viele der ratsuchenden MigrantInnen fragen nach einer Anerkennung ihres ausländischen Abschlusses (in Prozent)?
3. Welches sind die (drei) häufigsten Nationalitäten in Ihren Beratungsgesprächen?
4. Sind Ihrer Meinung nach arbeitslose/ratsuchende MigrantInnen häufiger im SGB II oder im SGB III Bereich vertreten?
5. Gibt es Ihrer Meinung nach weiterhin spezifische Berufsgruppen oder Branchen, in welchen KundInnen mit Migrationshintergrund häufig vertreten sind? Wenn ja, welche?

Teil B: Herausforderungen einer migrationsspezifischen Beratung

6. Wenn Sie an die letzten vier Arbeitswochen zurückdenken, was waren die Themen/Anliegen von MigrantInnen, die am häufigsten genannt wurden?
7. Gibt es im Hinblick auf die Themen/Anliegen Besonderheiten? Wenn ja, welche Besonderheiten gibt es bei der Vorbereitung, der Durchführung und der Nachbereitung bei Gesprächen mit MigrantInnen?
8. Unterscheiden sich die Gespräche mit deutschen KundInnen und MigrantInnen im Hinblick auf den Aufbau einer guten Arbeitsatmosphäre oder gibt es spezifische Unterschiede, wie etwa sprachliche Barrieren, die beachtet werden sollten?
9. In welchen Bereichen sehen Sie Herausforderungen bei der Beratung von MigrantInnen?
10. Wird der BPS Ihrer Meinung nach häufiger bei KundInnen mit Migrationshintergrund eingeschaltet? Wenn ja, weshalb?
11. Aus welchen Gründen haben es Ihrer Meinung nach Menschen mit Migrationshintergrund schwerer, sich erfolgreich in den Arbeitsmarkt zu integrieren?
12. Welche Eigenschaften/Merkmale müssen diese Kundinnen und Kunden Ihrer Meinung nach mitbringen, um die Integration in Arbeit zu erleichtern?
13. Können Sie aufgrund Ihrer Erfahrung sagen, dass MigrantInnen mehr Ängste/Unsicherheiten gegenüber Gesprächen in der BA/im JC haben als deutsche KundInnen? Wenn ja, was glauben Sie, weshalb und wie äußern sich diese Unsicherheiten / Ängste?

Teil C: Informationspolitik

14. Welche Informationen geben Sie speziell der Gruppe der Ratsuchenden mit Migrationshintergrund mit auf den Weg? (Informationsmappen, Broschüren usw.)
15. Welche Hinweise geben Sie MigrantInnen im Hinblick auf Netzwerkpartner?
16. Welche Möglichkeiten nutzen Sie, um sich über migrationsspezifische Themen zu informieren?
17. Inwiefern spielen bei der Beratung von MigrantInnen zum Thema Anerkennung von Abschlüssen/Übersetzungen usw. finanzielle Aspekte eine Rolle?

© Springer Fachmedien Wiesbaden GmbH, ein Teil von Springer Nature 2014
E. M. Brüning und T. Ayan, *Beratung von Migrantinnen und Migranten: Herausforderungen, Unterstützungsbedarfe, kulturelle Begegnungen*, Edition KWV, https://doi.org/10.1007/978-3-658-24674-7

18. Mit welchen Stellen/Netzwerkpartnern, die Beratung für Kundinnen und Kunden mit Migrationshintergrund anbieten, arbeiten Sie zusammen?
19. Welche Netzwerkpartner unterstützen Sie bei der Überprüfung der Wertigkeit des anzuerkennenden Abschlusses?
20. Welche Netzwerke nutzen Sie bei Sprachbarrieren?
21. Wie schätzen Sie die örtliche und zeitliche Erreichbarkeit der Netzwerkpartner für die Kundengruppe ein?
22. Inwieweit und wodurch haben Sie Einblick in die Arbeitsweise der Netzwerkpartner?
23. Wie bewerten Sie die Zusammenarbeit mit den verschiedenen Netzwerkpartnern? Sehen Sie Verbesserungspotential?

24. Gibt es bereits Qualifizierungs-/Schulungsmaßnahmen bei Ihrem Arbeitgeber zum Thema der migrationsspezifischen beschäftigungsorientierten Beratung?
25. Konnten Sie Schulungsinhalte erfolgreich in der Praxis anwenden?
26. Können Sie Ihre Beratungskompetenz in Ihrer täglichen praktischen Arbeit weiter ausbauen? (Learning by doing)
27. Wären Sie auch bereit, sich außerhalb Ihrer Arbeitszeit privat in diesem Bereich fortzubilden?
28. Wenn Sie die Möglichkeit hätten eine Schulung zu konzipieren, welche Inhalte müssten Ihrer Meinung nach Bestandteil sein und in welcher Weise müssten diese übermittelt werden?
29. Wie schätzen Sie Ihre Beratungskompetenz für die Zielgruppe „Migranten" auf einer Skala von 1 bis 10 ein? Bitte begründen Sie Ihre Aussage.

30. Was glauben Sie, sind die Wünsche von Kundinnen und Kunden mit Migrationshintergrund an die Beratung in der Agentur für Arbeit?
31. Inwiefern kann die Agentur für Arbeit diesen entgegenkommen? Gibt es Beschränkungen durch beispielsweise rechtliche Bestimmungen? Wenn ja, welche?
32. Wo sehen Sie innerhalb Ihrer Zuständigkeit Grenzen bei migrationsspezifischen Beratungsgesprächen, wo Handlungsspielräume?

33. Geschlecht?
34. Alter? (Altersklassen: 20-30; 31-40; 41-50; über 50)
35. Haben Sie einen Migrationshintergrund? Wenn ja, in welcher Generation leben Sie bereits in Deutschland?
36. Über welche Sprachkenntnisse verfügen Sie?
37. Welche Ausbildungen/welches Studium haben Sie bisher absolviert?
38. Wie lange sind Sie in der Beratung in der BA tätig?
39. Verfügen Sie über beratungs- oder migrationsspezifische Vorkenntnisse aus anderen Organisationen?

Tab_A2: Fragebogen für Ratsuchende mit Migrationshintergrund.

Teil A: Beratungsprozess

1. Wie haben Sie den Beratungsprozess bei der Agentur für Arbeit empfunden?
2. Haben Sie sich in dem Beratungsprozess wohlgefühlt/verstanden gefühlt?
3. Was hat Ihnen während des Gesprächs in der Agentur für Arbeit besonders gut gefallen?
4. Welche Anliegen/Fragen waren Ihnen besonders wichtig?
5. Wurden Ihre Anliegen/Fragen aufgenommen und bearbeitet?
6. Haben Sie sich eventuell unwohl gefühlt? Wenn ja, können Sie sagen, weshalb?

Teil B: Anerkennungsprozess und Informationspolitik

7. Haben Sie sich nach Ihrer Einreise Gedanken darüber gemacht, sich Ihren im Ausland erworbenen Abschluss/Qualifikation in Deutschland anerkennen zu lassen?
8. Wann/in welchem Jahr haben Sie einen Antrag auf Anerkennung Ihres im Ausland erworbenen Abschlusses/Ihrer Qualifikation gestellt?
9. Bei welchen Stellen/Behörden haben Sie sich Informationen eingeholt bzw. woher haben Sie von der Möglichkeit der Anerkennung erfahren?
10. Haben Sie dieses Thema innerhalb der Gespräche mit Ihrem Vermittler/Ihrer Vermittlerin in der Agentur für Arbeit angesprochen oder hat der Vermittler selbst dieses Thema angesprochen?
11. Welche Informationen zum Thema Anerkennung haben Sie von der Agentur für Arbeit erhalten (Informationsmappen, Broschüren, Flyer, Emailadressen, Telefonnummern usw.)?
12. Wurden Ihnen in diesem Zusammenhang andere Stellen/Behörden genannt? Wenn ja, welche?

Teil C: Netzwerkarbeit und Verweisberatung

13. Wurden Sie innerhalb der Beratung in der Agentur für Arbeit an andere Stellen/Behörden verwiesen? Wenn ja, an welche Stellen/Behörden wurden Sie verwiesen?
14. Mit welcher Begründung wurden Sie verwiesen?
15. Hat Ihnen die Verweisberatung etwas gebracht?
16. Haben Sie bei den entsprechenden Anlaufstellen die Informationen erhalten, die Sie benötigt haben?

Teil D: Aktuelle berufliche Lage

17. Haben Sie eine vollständige/teilweise Anerkennung Ihres im Ausland erworbenen Berufsabschlusses/Ihrer Qualifikation erhalten?
18. Wenn ja, in welchem Jahr wurde ihr Abschluss anerkannt?
19. Haben Sie bereits in diesem Beruf in Deutschland gearbeitet?
20. Suchen Sie in diesem Beruf weiterhin eine Arbeitsstelle?
21. Wenn nein (Anerkennung nicht erfolgreich/nicht abgeschlossen): Was haben Sie bisher beruflich gemacht? In welchen Bereichen haben Sie gearbeitet?
22. Sind Sie mit dieser Tätigkeit/diesen Tätigkeiten außerhalb Ihrer im Ausland erworbenen Qualifikationen zufrieden? Bitte begründen Sie Ihre Aussage.
23. Haben Sie weiterhin Ambitionen eine Anerkennung durch Ausbildung/Weiterbildung/Umschulung anzustreben? Wenn ja, welche Erfolgschancen oder Schwierigkeiten sehen Sie aufgrund Ihrer bisherigen Erfahrungen?

24. Welche Wünsche/Anforderungen haben Sie an die Beratung in der Agentur für Arbeit?
25. Sehen Sie hier Verbesserungspotenzial?
26. Wenn ja, worin genau?

27. Nationalität/Staatsangehörigkeit
28. Herkunftsland
29. Wann sind Sie in die BRD eingereist?
30. Was war der Grund für Ihre Einreise?
31. Was ist Ihre höchste im Ausland erworbene Qualifikation/Ihr höchster Abschluss?
32. Geschlecht
33. Familienstand
34. Alter: 20-30; 31-40; 41-50; über 50

A2: Soziodemografische Merkmale der Berater

Tab_A3: Zuordnung der Ausbildungsberufe zu berufsnahen und berufsfernen Ausbildungen.

Berufsnahe Ausbildung	Anzahl	Berufsferne Ausbildung	Anzahl
Ausbildung bei der AA	5	Arzthelfer	1
BA-Fachangestellte/r	1	Bankkaufmann	1
Berufspädagoge	1	Einzelhandelskaufmann	1
Fachangestellter Arbeitsförderung	5	Fotolaborant	1
Sozialversicherungsfachangestellte	1	Fremdsprachenkorrespondent	1
		Hotelkaufmann	2
		Industriekaufmann	5
		Industriemechaniker	1
		Kaufmännische Lehre	1
		Medizinischer Fachangestellter	1
		Steuerfachangestellter	1
		Technischer Zeichner	1
		Verkäufer	1
		Verwaltungsfachangestellter	4
Gesamt berufsnah	**13 von 36 (36,11%)**	**Gesamt berufsfern**	**22 von 36 (61,11%)**

Tab_A4: Zuordnung der Studiengänge zu berufsnahen und berufsfernen Studiengängen.

Berufsnahes Studium	Anzahl	Berufsfernes Studium	Anzahl
Beratungswissenschaften	1	BWL	9
Soziale Arbeit	5	Lehramt	5
Sozialpädagogik	5	Erziehungswissenschaften	1
Studium an der BA	3	Feinwerktechnik	1
		Germanistik	1
		Informatik	1
		Sozialwissenschaften	2
		Soziologie	1
		Verwaltungswissenschaften	6
		VWL	1
		Wirtschaftsinformatiker	1
		Wirtschaftsrecht	1
Gesamt berufsnah	**14 von 45 (31,11%)**	**Gesamt berufsfern**	**30 von 45 (66,66%)**

Tab_A5: Zuordnung der Herkunftsländer zu Regionen.

Region	Herkunftsland
Afrika	
Ehemalige Sowjetunion	Russland, Ukraine, Tadschikistan, Kasachstan, Spätaussiedler
EU	Belgien, Bulgarien, Dänemark, Deutschland, Estland, Finnland, Frankreich, Griechenland, Irland, Italien, Kroatien, Lettland, Litauen, Luxemburg, Malta, Niederlande, Österreich, Polen, Portugal, Rumänien, Schweden, Slowakei, Slowenien, Spanien, Tschechien, Ungarn, Vereinigtes Königreich, Zypern
Südosteuropa	Bosnien, Jugoslawien (Serbien und Montenegro), Kosovo, Albanien
Vorderasien	Iran, Irak, Syrien, Kurdistan, Jordanien
Südasien	Pakistan, Afghanistan
Türkei	
USA	

Abb_A1: Herkunftsländer innerhalb der EU.

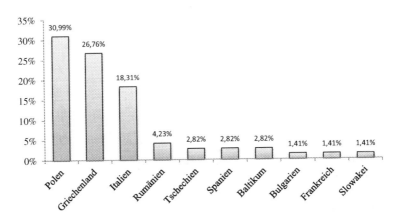

Abb_A2: Herkunftsländer der ehemaligen Sowjetunion.

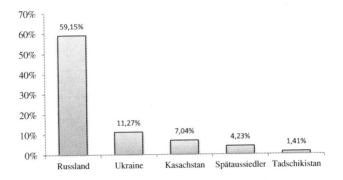

A3: Soziodemografische Merkmale der Ratsuchenden

Familiäre Situation, Herkunft und Wanderungsmotiv

Nicht nur Beratungsfachkräfte, sondern auch 25 Migranten wurden zu ihren Erfahrungen mit der Beratung mittels teilstandardisierter Interviews befragt. Unter ihnen befinden sich fünf männliche und 16 weibliche Ratsuchende,[40] von denen die Mehrheit (60%) verheiratet ist. Neun Personen (36%) sind alleinstehend und eine Person gibt an, geschieden zu sein. Wie bereits in der Studie von Müller & Ayan (2013), ist somit auch unter diesen Migranten eine starke Familienorientierung erkennbar. Hinzu kommt, dass als Einreisemotiv mehrheitlich (N=13, 52%) familiäre Gründe genannt werden. An zweiter Stelle folgen wirtschaftliche und berufliche Interessen (N=11; 44%), zwei Befragte sind Spätaussiedler und einer gibt an, aus politischen Gründen nach Deutschland eingereist zu sein.

Wie in Abbildung Abb_A3 zu erkennen ist, kommen die meisten der Befragten aus Mitgliedsstaaten der EU (N=9; 36%). Am stärksten vertreten sind Angehörige aus Polen (N=5), gefolgt von Rumänien (N=2), Tschechien (N=1) und Ungarn (N=1). Die zweitstärkste Gruppe bilden Migranten aus der ehemaligen Sowjetunion (N=7; 28%), die aus Russland (N=3), Kasachstan (N=3) und der Ukraine (N=1) nach Deutschland eingewandert sind. Zudem befinden sich unter den befragten Personen aus Asien, Afrika und Australien.

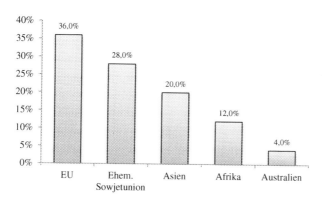

Abb_A3: Herkunftsländer der ratsuchenden Migrantinnen und Migranten.

Altersstruktur

Die Analyse der Altersstruktur zeigt einen deutlichen Schwerpunkt bei der Gruppe der 30 bis 39-Jährigen, in der sich über 40% der Ratsuchenden befinden. Auch der Anteil an Ratsuchenden, die zwischen 40 und 49 Jahre alt sind, ist mit 32% stark vertreten. Sehr schwach vertreten sind hingegen die Altersklassen der 20 bis 29-Jährigen sowie der Ratsuchenden, die 50 Jahre und älter sind. Der Anteil liegt bei je 12%. Da es sich bei den Ratsuchenden um Personen handelt, die bereits im Ausland eine abgeschlossene Berufsausbildung oder gar ein

---

[40] In vier Interview-Transkripten fanden sich keine Angaben zum Geschlecht des Befragten.

Studium absolviert haben und zudem am deutschen Arbeitsmarkt Fuß fassen möchten, waren die geringen Anteile der jüngeren und älteren Generationen in der Stichprobe zu erwarten.

Beruflicher Hintergrund

Gefragt nach der höchsten im Ausland erworbenen Qualifikation gaben 14 der 25 Befragten (56%) an, dass sie in ihrem Heimatland ein Studium absolviert haben. Hierunter finden sich fünf Wirtschaftswissenschaftler (BWL), vier (Sozial-)Pädagogen sowie je ein Geologe, Germanist, Pharmazeut, Rettungsassistent (Bachelor) und EDV-Techniker. Die restlichen 44% können eine abgeschlossene Berufsausbildung vorweisen. Unter ihnen finden sich u. a. zwei Krankenschwestern. Eine vollständige Anerkennung der im Ausland erworbenen Qualifikationen kann nur einer der befragten Migranten vorweisen. Drei weitere (12%) haben zumindest eine Teilanerkennung erlangt und in 20% der Fälle lief das Anerkennungsverfahren zum Zeitpunkt der Befragung noch. Nicht anerkannt wurden die Qualifikationen von drei Migranten, die restlichen 13 Befragten haben hierzu keine Auskunft gegeben. Obgleich in vier Fällen (16%) eine (Teil-)Anerkennung der Qualifikationen vorliegt, arbeitet keiner der befragten Migranten im ursprünglich erlernten Beruf, was sich auch auf die Zufriedenheit mit der derzeitigen beruflichen Situation auswirkt. Während acht Migranten (32%) mit ihrer Tätigkeit zufrieden sind, geben 60% an, mit ihrer beruflichen Situation nicht (dauerhaft) zufrieden zu sein. Als Hauptgrund wird angegeben, dass die derzeitige Tätigkeit nicht den eigentlichen Qualifikationen entspricht.

A4: Herausforderungen der migrationsspezifischen Beratung

Tab_A6: Ängste und Unsicherheiten der Ratsuchenden aus Beraterperspektive.

Ängste und Unsicherheiten	Gesamt	BA	Extern
Persönliche Hemmnisse	28 (38,9%)	21 (36,2%)	7 (50,0%)
Schlechte Erfahrungen	8 (11,1%)	2 (3,4%)	6 (42,0%)
Sprachdefizite	8 (11,1%)	8 (13,8%)	---
Respekt	6 (8,3%)	6 (10,3%)	---
Wissensdefizite	5 (6,9%)	4 (6,9%)	1 (7,1%)
Qualifikationsdefizite	1 (1,4%)	1 (1,7%)	---
Angst vor Vorurteilen	1 (1,4%)	1 (1,7%)	---
Keine Ängste	32 (44,4%)	30 (51,7%)	2 (14,3%)
Anzahl der Befragten	**72 (100%)**	**58 (100%)**	**14 (100%)**

Tab_A7: Wie Ratsuchende ihre Chancen auf dem Arbeitsmarkt verbessern können.

Notwendige Eigenschaften am Arbeitsmarkt	Gesamt	BA	Extern
Sprache	33 (45,8%)	27 (46,6%)	6 (42,9%)
Integrationswille	28 (38,9%)	21 (36,2%)	7 (50,0%)
Arbeitseigenschaften	24 (33,3%)	21 (36,2%)	3 (21,4%)
Qualifikation	23 (31,9%)	18 (31,0%)	5 (35,7%)
Arbeitswille	23 (31,9%)	16 (27,6%)	7 (50,0%)
Personale Eigenschaften	4 (5,6%)	2 (3,4%)	2 (14,3%)
Netzwerk	2 (2,8%)	1 (1,7%)	1 (7,1%)
Keine	2 (2,8%)	2 (3,4%)	---
Anzahl befragter Berater	**72 (100%)**	**58 (100%)**	**14 (100%)**

A5: Migrationsspezifisches Informationsmaterial und Netzwerkarbeit der Berater

Tab_A8: Informationsweitergabe an Migranten nach Arbeitgeber.

Informationsmaterial	Gesamt	BA	Externe
Informationen zu Bildungsträgern und Sprachkursen	40 (55,6%)	33 (56,9%)	7 (50,0%)
Informationen über Beratungsstellen	32 (44,4%)	27 (46,6%)	5 (35,7%)
Informationen zur Anerkennung	31 (43,1%)	26 (44,8%)	5 (35,7%)
Allgemeine Informationen	23 (31,9%)	13 (22,4%)	10 (71,4%)
Keine Informationsweitergabe	8 (11,1%)	8 (4,8%)	0 (0,0%)
Anzahl befragter Berater	**72 (100%)**	**58 (100%)**	**14 (100%)**

Tab_A9: Einblicke in die Netzwerkarbeit.

Einblicke in die Netzwerkarbeit	Gesamt	BA	Extern
Keine/kaum (inkl. keine Netzwerkpartner)	38 (52,8%)	37 (63,8%)	1 (7,1%)
Persönlicher Kontakt	32 (44,4%)	20 (34,5%)	12 (85,7%)
Zusammenarbeit	8 (11,1%)	6 (10,3%)	2 (14,3%)
Kundenrückmeldungen	7 (9,7%)	4 (6,9%)	3 (21,4%)
Öffentlichkeitsarbeit	4 (5,6%)	2 (3,4%)	2 (14,3%)
Anzahl befragter Berater	**74 (100%)**	**58 (100%)**	**14 (100%)**

A6: Fazit

Tab_A10: Relevanz von „Sprache" in der migrationsspezifischen Beratung.

	Rang	Gesamt	Rang	BA	Rang	Extern
Themen der Beratung						
Sprachkurs	2	35 (48,6%)	2	29 (50,0%)	2	6 (42,9%)
Herausforderungen/Besonderheiten						
Sprachliche Aspekte	1	66 (91,7%)	1	55 (94,8%)	1	11 (78,6%)
Probleme der Arbeitsmarktintegration						
Sprache	1	51 (70,8%)	1	42 (72,4%)	1	9 (64,3%)
Notwendige Eigenschaften der Migranten						
Sprache	1	33 (45,8%)	1	27 (46,6%)	2	6 (42,9%)
Informationen an Ratsuchende						
Informationen Bildungsträger und Sprachkurse	1	40 (55,6%)	1	33 (56,9%)	2	7 (50,0%)
Netzwerke der Berater						
Sprache	1	**61 (84,7%)**	1	**51 (87,9%)**	3	**10 (71,4%)**
• Externe Partner		53 (73,6%)		47 (81,0%)		6 (42,9%)
• Netz der Migranten		19 (26,4%)		19 (32,8%)		0 (0,0%)
• Eigene Kenntnisse/Kollegen		25 (34,7%)		17 (29,3%)		8 (57,1%)
Wünsche der Ratsuchenden						
Sprachkurse	4	7 (9,7%)	5	7 (12,1%)		---

Tab_A11: Relevanz von „Qualifikation und Anerkennung" in der migrationsspezifischen Beratung.

	Rang	Gesamt	Rang	BA	Rang	Extern
Themen der Beratung						
Qualifizierung	3	29 (40,3%)	3	24 (41,4%)	3	5 (35,7%)
Anerkennung	4	19 (26,4%)	5	9 (15,5%)	1	10 (71,4%)
Probleme der Arbeitsmarktintegration						
Mangelnde Qualifikation (N=21)/Anerkennung (N=17)	2	38 (52,8%)	2	32 (55,2%)	2	6 (42,9%)
Notwendige Eigenschaften der Migranten						
Qualifikation (N=17)/Anerkannter Abschluss (N=6)	4	23 (31,9%)	4	18 (31,0%)	3	5 (35,7%)
Informationen an Ratsuchende						
Informationen zur Anerkennung	3	31 (43,1%)	3	26 (44,8%)	3	5 (35,7%)
Netzwerke der Berater						
Bildung	5	20 (27,8%)	4	14 (24,1%)	4	6 (42,9%)
Beratung	2	**46 (63,9%)**	2	**35 (60,3%)**	2	**11 (78,6%)**
• „Arbeitsmarkt"		10 (13,9%)		8 (13,8%)		2 (14,3%)
• „Migranten"/"Anerkennung		44 (61,1%)		33 (56,9%)		11 (78,6%)
Anerkennung	3	44 (61,6%)	3	32 (55,2%)	1	12 (85,7%)
Wünsche der Ratsuchenden						
Fortbildungen/Umschulungen	5	6 (8,3%)	6	6 (10,3%)	---	---

Tab_A12: Relevanz von „Kultur und Religion" in der migrationsspezifischen Beratung.

	Rang	Gesamt	Rang	BA	Rang	Extern
Herausforderungen/Besonderheiten						
Kulturelle/religiöse Aspekte	2	36 (50,0%)	2	31 (53,4%)	5	5 (35,7%)
Probleme der Arbeitsmarktintegration						
Kulturelle/religiöse Aspekte	4	24 (33,3%)	4	23 (39,7%)	6	1 (7,1%)
Notwendige Eigenschaften der Migranten						
Integrationswille	2	28 (38,9%)	2	21 (36,2%)	1	7 (50,0%)
Netzwerke der Berater						
Integration	6	9 (12,5%)	5	7 (12,1%)	5	2 (14,3%)
Verbesserungspotenziale der Netzwerkarbeit						
Umgang mit den Kunden	4	5 (6,9%)	3	3 (5,2%)	3	2 (14,3%)
Vorbehalte ggü. Migranten (abbauen)	6	2 (4,2%)	4	2 (3,4%)		---
Wünsche der Ratsuchenden						
Keine Vorurteile	3	10 (13,9%)	4	10 (17,2%)	---	---
Kultur berücksichtigen	7	3 (4,2%)	9	3 (5,2%)	---	---

Tab_A13: Relevanz von „Wissensnachteilen" in der migrationsspezifischen Beratung.

	Rang	Gesamt	Rang	BA	Rang	Extern
Herausforderungen/Besonderheiten						
Wissensnachteile	6	26 (36,1%)	6	18 (31,0%)	2	8 (57,0%)
Probleme der Arbeitsmarktintegration						
Wissensnachteile	5	9 (12,5%)	6	4 (6,9%)	3	5 (35,7%)
Ängste und Unsicherheiten						
Wissensdefizite	5	5 (6,9%)	4	4 (6,9%)	3	1 (7,1%)
Informationen an Ratsuchende						
Informationen Bildungsträger und Sprachkurse	1	40 (55,6%)	1	33 (56,9%)	2	7 (50,0%)
Informationen über Beratungsstellen	2	32 (44,4%)	2	27 (46,6%)	3	5 (35,7%)
Informationen zur Anerkennung	3	31 (43,1%)	3	26 (44,8%)	3	5 (35,7%)
Allgemeine Informationen	4	23 (31,9%)	4	13 (22,4%)	1	10 (71,4%)
Keine Informationsweitergabe	5	8 (11,1%)	5	8 (4,8%)	---	0 (0,0%)
Wünsche der Ratsuchenden						
Unterstützung	1	22 (30,6%)	1	19 (32,8%)	3	3 (21,4%)
Informationen	4	7 (9,7%)	8	4 (6,9%)	3	3 (21,4%)